艺术 体育
高校学术研究论著丛刊

校园足球的育人价值与教学实施研究

陈红涛 著

中国书籍出版社
China Book Press

图书在版编目（CIP）数据

校园足球的育人价值与教学实施研究 / 陈红涛著 . --
北京：中国书籍出版社，2022.3
ISBN 978-7-5068-8955-1

Ⅰ. ①校… Ⅱ. ①陈… Ⅲ. ①学校体育 – 足球运动 –
教学研究 Ⅳ. ① G843.2

中国版本图书馆 CIP 数据核字（2022）第 042832 号

校园足球的育人价值与教学实施研究

陈红涛　著

丛书策划	谭　鹏　武　斌
责任编辑	盛　洁
责任印制	孙马飞　马　芝
封面设计	东方美迪
出版发行	中国书籍出版社
地　　址	北京市丰台区三路居路 97 号（邮编：100073）
电　　话	（010）52257143（总编室）　（010）52257140（发行部）
电子邮箱	eo@chinabp.com.cn
经　　销	全国新华书店
印　　厂	三河市德贤弘印务有限公司
开　　本	710 毫米 ×1000 毫米　1/16
字　　数	202 千字
印　　张	12.75
版　　次	2023 年 1 月第 1 版
印　　次	2023 年 1 月第 1 次印刷
书　　号	ISBN 978-7-5068-8955-1
定　　价	72.00 元

版权所有　翻印必究

目 录

第一章　校园足球理论与发展 ……………………………………… 1
　第一节　校园足球的概念与文化内涵 ………………………………… 1
　第二节　校园足球的产生 ……………………………………………… 4
　第三节　校园足球开展的基本情况 …………………………………… 8
　第四节　校园足球未来发展思考 ……………………………………… 14

第二章　校园足球的育人价值体系 …………………………………… 21
　第一节　校园足球的健康价值 ………………………………………… 21
　第二节　校园足球的德育价值 ………………………………………… 25
　第三节　校园足球的智育价值 ………………………………………… 31
　第四节　校园足球的美育价值 ………………………………………… 33
　第五节　校园足球促进学生社会化的价值 …………………………… 38

第三章　校园足球育人价值的实现路径 ……………………………… 44
　第一节　宣传与推广校园足球 ………………………………………… 44
　第二节　落实"足球进校园"活动 …………………………………… 50
　第三节　开展足球课程教学 …………………………………………… 52
　第四节　组织足球课外活动 …………………………………………… 58
　第五节　建设校园足球队 ……………………………………………… 62

第四章　校园足球教学的基础理论 …………………………………… 66
　第一节　校园足球教学的体育学基础 ………………………………… 66
　第二节　校园足球教学的教育学基础 ………………………………… 80
　第三节　校园足球教学的基本原则 …………………………………… 86
　第四节　校园足球教学设计理论 ……………………………………… 90

第五章 校园足球教学的有效实施……94
第一节 校园足球教学目标的确定……94
第二节 校园足球教学内容的设置……98
第三节 校园足球教学方法的选用……102
第四节 校园足球教学模式的构建……108
第五节 校园足球教学评价的落实……113
第六节 校园足球理论课与实践课的实施要点……116

第六章 校园足球技战术教学研究……118
第一节 足球课准备活动……118
第二节 足球基本技术教学与练习方法……121
第三节 足球基本战术教学与练习方法……132
第四节 足球课整理活动……140

第七章 校园足球游戏课教学实施……143
第一节 足球游戏……143
第二节 足球游戏的设计……148
第三节 校园足球游戏方法与组织……156

第八章 提升校园足球教学质量的建议与策略……172
第一节 创建良好的校园足球环境……172
第二节 培养优秀的校园足球师资队伍……179
第三节 重视校园足球教学的安全管理……184
第四节 加强校园足球校本化教学……188

参考文献……194

第一章　校园足球理论与发展

足球是世界第一运动,青少年足球是足球运动发展的基础和希望,因此历来受到世界各足球强国的重视,足球强国为发展青少年足球而制订长远规划,将普及与提高有机结合,从而不断巩固本国足球的世界领先地位。我国近些年也高度关注与重视青少年足球的发展,由国家体育总局和教育部牵头而开启校园足球计划,大力发展校园足球,以培养优秀的青少年足球人才,促进青少年健康全面发展,为我国足球运动的崛起奠定基础。本章主要对校园足球的基础理论及其发展进行研究。首先阐释校园足球的概念与文化内涵,其次分析我国校园足球的产生背景、发展历程及开展现状,最后探索我国校园足球的未来发展策略和路径。

第一节　校园足球的概念与文化内涵

一、校园足球的概念

校园足球指的是在校园中进行的、由教师和青少年学生主体参与的一切与足球有关的活动或过程的总和。[1] 下面具体从3个方面来解释校园足球的概念。

从活动范围的角度看,校园足球是所有在校园中进行的足球活动。

从参与主体的角度看,青少年学生是校园足球的参与主体,学生也可以与教师共同参与校园足球活动。

---

[1] 冯伟华.新时代小学校园足球课程校本化教学体系的构建与实践[M].广州:广东高等教育出版社,2019:3.

从参与形式的角度看,足球教学、课外足球活动、大课间活动、课余足球训练和校园足球竞赛都属于校园足球的范畴。

二、校园足球的文化内涵

校园足球文化指的是和校园足球相关的所有物质文化、制度文化、精神文化以及行为文化的总和。因此校园足球的文化内涵包含图 1-1 中所示的 4 个方面。

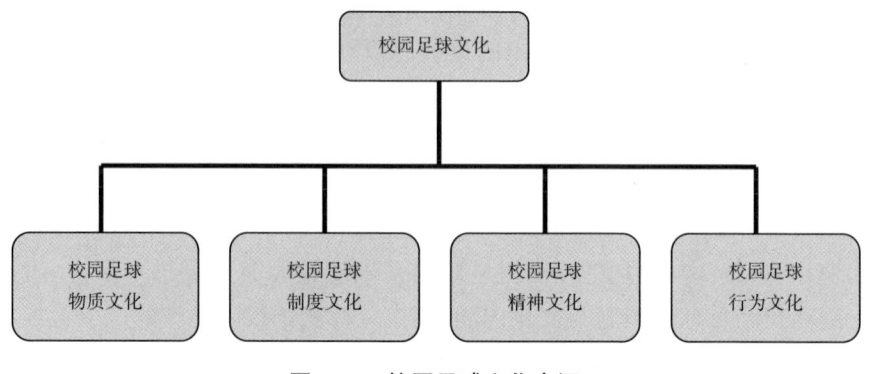

图 1-1　校园足球文化内涵

下面具体分析校园足球文化内涵的几个重要组成部分。

(一)校园足球物质文化

校园足球物质文化是校园足球文化的基础,主要包括校园足球场地设施、足球师资、足球经费投入等。在校园足球活动的开展中,经费、师资、场地设施都是必不可少的重要基础,这就奠定了校园足球物质文化在校园足球文化体系中的基础地位。开展校园足球,需要必要的经费、充足的场地空间、完善的器材设备,如果不具备这些基础条件,是无法正常开展足球教学、训练及竞赛等各种校园足球活动的,校园足球计划将无法顺利启动,可谓寸步难行。

师资水平的高低对校园足球的发展水平有决定性影响,因此在校园足球物质文化建设中,要注重培养与引进优秀的教师,提升师资队伍的专业素养。

（二）校园足球制度文化

校园足球制度文化是校园足球文化建设与发展的重要保证。校园足球制度文化包括以下几方面的内容。

1. 规章制度

校园足球活动的开展要遵循相关规章制度，要服从上级领导和指挥，要从学校实际情况出发而出台方案，提出规定，明确运动规则和各项要求，促进校园足球活动的有序开展。

2. 组织机构

组织机构是指负责校园足球相关事宜的协会、机构等。组织机构职能的健全和完善使校园足球的发展更有组织性和计划性。

3. 运作方法

校园足球运作方法包括足球课、足球队的训练和校园足球比赛，这些活动的实施和运作都有专门的部门来领导，而且都有规章制度可循。

（三）校园足球精神文化

校园足球精神文化是校园足球文化的本质与核心。围绕校园足球而形成的思想体系、价值观念是校园足球精神文化的重要内容。校园足球精神文化引导师生在参与校园足球活动的过程中达到一种较为满意的状态，使校园足球的发展更好地达到预期目标，促进校园足球持续稳定发展。

（四）校园足球行为文化

校园足球行为文化是校园足球文化的规范，其具体包含下列几个方面的内容。

1. 价值取向

这里的价值取向主要是指师生参与校园足球的主要目的、在校园足球实践中形成的正确理念以及塑造的体育精神。在适宜目标的激励下和体育精神的鼓舞下，师生能够养成参与校园足球活动的良好行为习惯。

2. 行为方式

行为方式指的是校园足球运动中特有的一种行为方法或具体形式，如校园足球礼仪、校园足球游戏、校园足球联赛等。

3. 行为环境

行为环境指的是校园足球环境(城市足球环境)，如足球传统、足球氛围、与足球相关的自然与人文环境等。行为环境直接影响学生参与校园足球的价值取向和行为方式。

校园足球物质文化、制度文化、精神文化和行为文化构成了校园足球文化的有机整体，这些文化内涵既相对独立，又相互关联、相辅相成。校园足球文化的这些组成部分缺一不可，只有充分发挥各部分的功能，促进各部分协同发展，才能使校园足球文化更有活力、生命力更顽强，逐步实现可持续发展目标。

第二节　校园足球的产生

一、校园足球产生的背景

(一)青少年体质健康状况不容乐观

青少年是祖国的未来和民族的希望，青少年健康不仅对个人成长和未来发展有直接的影响，而且对国家未来和民族发展也有重要影响。近些年，我国青少年体质健康水平虽然总体而言较之前有了明显提升，但依然存在一些问题。有关调查结果显示，我国青少年群体中存在一些普遍的健康问题，如超重与肥胖、近视、身体素质不均衡等，而且青少年体质健康水平存在地区差异、城乡差异。和韩国、日本等国家的青少年学生相比，我国青少年的基本运动能力和身体素质都不够强。导致青少年学生体质和健康水平较低的原因有很多，如营养因素、环境因素、遗传因素、运动因素等，其中缺乏运动是造成青少年体质状况不容乐观的直接原因和主要原因，很多青少年都没有运动锻炼的习惯，每天运动时间非常少,达不到每天运动1小时的要求,从而导致身体健康水平下降。

增强体质、促进健康的方法有很多,其中最经济、最积极以及最有效的手段是体育锻炼。青少年长期坚持体育锻炼,对促进骨骼生长、肌肉强壮、心肺功能增强以及身体各机能系统的改善具有重要意义,这些积极改变有利于促进青少年机体适应能力、抗病能力的提升,最终能够促进青少年健康成长和全面发展。为促进青少年参与体育锻炼,提高健康水平,教育部、国家体育总局和共青团中央联合发布《关于开展全国亿万学生阳光体育运动的决定》(2006年),鼓励学生走出"温室",主动锻炼。此外,《关于加强青少年体育 增强青少年体质的意见》也明确指出要将青少年体育工作重视起来,促进青少年体质增强,健康成长。

(二)青少年足球后备人才匮乏

当前,我国竞技体育发展水平不断提升,我国体育健儿在奥运会上获得的奖牌有力证明了我国竞技体育的国际地位和影响力。但是我国足球尤其是男子足球的现状与我国竞技体育的辉煌形成了明显的反差。足球是世界第一运动,振兴国足是我国体育事业建设中非常重要的一项任务,大力发展足球运动不但能够促进国民体质的增强,还能促进民族自豪感和凝聚力的提升,促进体育强国战略目标的实现。我国青少年足球人才匮乏是制约足球发展的主要因素之一,所以振兴国足要从青少年足球入手,做好这项基础工作能够为足球运动的发展奠定良好的基础条件。

开展校园足球活动是培养青少年足球人才的重要渠道和路径,利用学校教育优势培养全面发展的足球后备人才,有助于促进我国竞技足球运动的长远发展。

在上面两个现实背景下,国家体育总局和教育部联合发布《关于开展全国青少年校园足球活动的通知》(2009年),号召在全国各级各类学校广泛开展足球活动,各地体育部门、教育部门要认真实施《全国青少年校园足球活动的实施方案》,积极组织与管理本地校园足球活动的开展,从本地实际情况出发而开展特色化校园足球活动,从而促进青少年健康,传承足球文化,振兴足球运动。

二、校园足球的发展历程

我国校园足球起步比较晚,从产生到现在大致经历了下面 3 个主要发展阶段。

(一)无序发展阶段

我国各级各类学校很早就开展了足球活动,包括足球教学、课余足球训练、校园足球竞赛等活动,但当时国家还未高度重视校园足球,没有出台相关规划与文件提供扶持和指导,因此校园足球的发展处于无序状态。而且因为各地经济发展不平衡,再加上足球氛围与传统的差异,所以校园足球的发展存在明显的地区差异,经济发达、足球氛围好的地区校园足球发展较好,经济较差及足球氛围差的地区校园足球发展落后,地区差异导致全国一盘棋的局面无法形成。

例如,21 世纪初辽宁省根据本地足球发展情况,由省足协和教育部门协作成立了一批中小学足球重点学校来大力发展校园足球,足球重点学校积极参加全省中小学足球比赛,校园足球发展模式覆盖全省,类似于今天的校园足球发展模式。但当时其他地区并未出现类似的发展模式,各地校园足球发展差距较大。

(二)初步发展阶段

2009 年 4 月,国家体育总局与教育部联合下发《关于开展全国青少年校园足球活动的通知》,以推动青少年体育工作的开展,促进青少年体质的增强。这一文件指出要在各级学校全面开展校园足球活动,让学生学习与掌握足球知识、技能,并以学校为支撑,加强构建体教结合的青少年足球后备人才培养体系,创新足球人才培养模式。国家设置专项经费启动校园足球发展计划,专门从体育彩票公益金中拨款为校园足球提供经费保障。之后短短几年内,全国各地纷纷建立校园足球单位,参与校园足球活动的在校青少年学生超过 100 万名。

2014 年 10 月,国务院发布《国务院关于加快发展体育产业促进体育消费的若干意见》,继续全面推广校园足球。同年 11 月,国务院召开全国青少年校园足球工作电视电话会议,指出由教育部负责全国青少年校园足球工作。在接下来的校园足球工作中,教育部门与体育部门相互配合,形成体教整合的发展模式,大力普及与全面推广校园足球,不断提高青少年学生的身体健康水平,培养优秀的足球后备人才,为我国足球事业的发展做出巨大贡献。

(三)快速发展阶段

2015年3月16日,国务院办公厅印发《中国足球改革发展总体方案》,将校园足球提高到国家战略的高度。此后,我国进一步加快校园足球发展速度,在全国范围内大力普及校园足球,提倡在学校开设足球课程,要求每学期的足球学时达到一定要求,满足学生的学习需要,吸引更多的学生参与校园足球活动。国家重点扶持校园足球特色学校,使足球学校的发展取得了可喜的成绩。发展校园足球不但可以增强青少年学生体质,还能扩大足球人口,为大众足球的发展提供群众基础,为职业足球的发展储备优秀人才。

2015年7月,教育部发布《教育部等6部门关于加快发展青少年校园足球的实施意见》,指出到2020年,全面支持建设2万所左右青少年校园足球特色学校,到2025年,支持建设5万所校园足球特色学校。

2016年,国家发改委公布《中国足球中长期发展规划(2016—2050年)》,指出要进一步深化足球教学改革,丰富校园足球形式和内容,培养优秀的足球教师和教练员,提升足球师资专业技能和业务能力,并开发足球网络课程,进一步完善校园足球课程教学体系。

2017年2月,教育部办公厅印发《关于加强全国青少年校园足球改革试验区、试点县(区)工作的指导意见》,提出了关于校园足球改革的重点任务和保障措施,强调校园足球改革中的整体部署,针对校园足球教学、训练、竞赛等活动提出改革方案,形成完善的改革体系和规范的管理机制。[1]

2020年9月,教育部、国家发展改革委等部门联合印发了《全国青少年校园足球八大体系建设行动计划》的通知(以下简称《通知》),指出全国青少年校园足球要建设以下八大体系:

(1)精心布局、夯实校园足球推广体系;

(2)全面发力、健全校园足球教学体系;

---

[1] 谢敏.我国校园足球开展现状刍议[J].哈尔滨体育学院学报,2018,36(5):56-60.

（3）示范引领、打造校园足球样板体系；
（4）严格管理、做强校园足球竞赛体系；
（5）统筹协调、形成校园足球融合体系；
（6）激励创新、构建校园足球荣誉体系；
（7）攻坚克难、搭建校园足球科研体系；
（8）强化导向、完善校园足球舆论宣传引导体系。

除上述八大体系外，《通知》还提出"到2022年，校园足球特色学校学生体质健康合格率达到95%以上，中小学生经常参加足球运动人数超过3000万"的工作目标。

各项政策与文件的出台与实施促进了我国校园足球的全面发展，使校园足球步入快速发展阶段，取得了可喜的成绩。未来我国将继续重视校园足球，加强规划和引导，切实全面提升青少年学生体质，为祖国培养全面发展的优秀人才，为发展足球事业而培养优秀足球后备力量。

第三节　校园足球开展的基本情况

一、校园足球开展的主要目的

（一）增强青少年体质

强健体魄是校园足球开展的首要目标。足球运动中包含很多人体常见基本动作，如跑、跳、踢、顶等，练习这些动作有助于增强人的身体活动能力和基础运动能力。参加足球运动，要在足球场上来回跑动，积极拼抢，相互对抗，这为培养人的身体素质提供了良好的条件，对增强青少年的力量、速度、耐力、灵敏度等素质以及提升整体健康水平具有重要意义。

青少年参与校园足球活动能够增强体质，提高运动水平，使精力更加充沛，保持阳光积极的精神面貌，从而为全面发展打好身体基础。

（二）全面育人

学校是教书育人的场所，以育人为第一任务，在学校开展校园足球也要与育人结合起来。当前，我国全面推进素质教育，在素质教育理念下开展育人工作。因此开展校园足球也要贯彻素质教育理念,培养德智体美劳全面发展的新生代力量。

足球运动本身就倡导正确的胜负观,本身承载着深刻的体育精神,如勇敢拼搏、顽强奋斗、坚持不懈、尊重他人、公平竞争、热爱祖国、团结协作等。这些精神对参与校园足球活动的青少年学生有潜移默化的影响。青少年学生在足球活动中深刻理解体育精神,并内化为优良的道德品格,建立正确的世界观、人生观和价值观。

校园足球对青少年学生的教育意义不仅体现在道德方面,也体现在智能上,如培养学生解决问题的思维和能力、灵活应对意外状况的能力以及团结协作的能力等,这些都体现了校园足球的智育价值。

此外,校园足球还能培养青少年学生的审美情趣,学生在足球比赛中娴熟的脚法、精彩的射门都是其良好审美情趣的体现。

总之,校园足球对青少年学生的教育价值是多方面的,通过开展校园足球而全面培养青少年各方面的素质,促进青少年健康成长与全面发展,这是一个非常重要的目标。

(三)学习并掌握足球技能,培养终身体育意识

青少年学生要在体育锻炼中达到预期目标,满足需求,就要将基本的运动技能掌握好,只有掌握了运动技能,才会在体育锻炼中表现得更加积极,才能对体育运动的乐趣有更深刻的体会,并能在运动中获得享受和感悟,并能激发坚持参加运动的恒心和毅力,养成良好的体育锻炼习惯,逐渐树立终身体育锻炼意识,提升终身体育锻炼能力,为终身健康打好基础。所以,让青少年学生学习与掌握足球运动基本技能是开展校园足球活动的重要目的之一。青少年学生熟练掌握足球运动技能,并在足球比赛中充分发挥技能水平,才能更加深刻地体验足球的乐趣,感受足球的魅力,并产生坚持参与足球运动的良好动机,养成长期进行足球锻炼的良好运动习惯,丰富课余生活,为终身体育锻炼习惯的养成打好基础。

(四)提高社会适应能力

足球是集体对抗性大球运动,在集体作战中,团队内部的配合很重要,团队成员的集体意识、团队精神、协作能力直接影响团队的成绩。青少年学生参与校园足球活动,自己作为足球队的一名成员,扮演着重要

的角色,在足球比赛中既要履行好自己的职责,发挥自己的作用,又要有集体意识,积极配合他人,与队友共同完成集体战术,提升团队运动能力。团体作战中不乏沟通与交流,这有助于锻炼青少年学生的人际沟通和交往能力,使青少年学生更好地融入与适应集体生活,为其将来走向社会、适应社会和提高社会生存能力奠定基础。

校园足球活动形式丰富多彩,青少年学生参与丰富有趣的足球活动,能够缓解学习压力,疏导不良情绪,形成乐观积极、阳光上进的健康心态,这是青少年将来融入社会和适应社会生活必不可少的素质和条件。所以说通过开展校园足球可达到提高青少年学生社会适应能力的重要目的。

(五)培养足球后备人才

选拔与培养青少年足球后备人才是开展校园足球的重要目标之一。我国开展校园足球活动,不仅是要面向青少年群体而普及足球运动,还要挖掘有天赋的足球后备人才,科学选拔与重点培养优秀足球后备力量,为天赋好、在这方面有抱负的学生提供展示自我的平台与机会。优秀的足球后备人才是我国足球运动可持续发展的动力源泉,将优秀足球后备力量输送到专业运动队进行专业训练和培养,有助于向国家输送优秀的足球运动员,为国家足球运动的发展提供重要的人力资源保障,从而提升我国足球运动水平。

二、校园足球开展的基本要求

(一)"普及"与"提高"相结合

不断夯实青少年足球基础是提高我国足球发展水平的根本要求,这是由足球运动的发展规律所决定的。我国全面开展青少年校园足球活动,提出要不断扩大青少年足球人口规模,培养大批优秀的青少年足球人才。我国校园足球的开展要以足球在校园内的"普及"为第一要务,在此基础上实现"提高"的目标,将普及和提高相结合,兼顾二者,并处理好二者的关系。

1.正确认识校园足球的"普及"与"提高"

"普及"的意思是普遍推广,使普及的东西存在于更广泛的范围内,实现大众化目标。普及足球运动,主要就是要扩大足球人口规模,使更大范围内和更多数量的人口参与足球运动。从竞技足球角度来看,普及就是奠定足球后备人才培养的基础。校园足球的"普及"体现在普及足球知识、技能和扩大青少年足球人口规模两个方面。

校园足球的"提高"指的是在普及的基础上进一步提高足球发展水平,包括足球知识水平、技能水平、青少年足球后备人才培养水平、足球师资培养水平等多方面的提高。校园足球的"普及"是"提高"的基础,如果没有校园足球的"普及",校园足球的"提高"是无法实现的。

2. 正确处理校园足球"普及"与"提高"的关系

开展校园足球活动,要兼顾"普及"与"提高",将二者有机结合起来,并将它们之间的辩证关系处理好。在校园足球活动的开展中,"普及"是基石,"提高"是必然要求,二者互为条件,从"普及"到"提高"的变化过程本质上就是一个量变到质变的过程。如果没有"普及",青少年足球人口规模小,是无法"提高"足球发展水平的,也难以培养优秀的青少年足球后备人才。

现阶段,我国在全国各地广泛推广校园足球活动,在校园足球事业中将"普及"工作作为核心,只有先达到了"普及"的标准,才能在这个基础上谈"提高"、谈"发展",这反映了我国体育部门和教育部门在发展校园足球方面遵循了循序渐进的原则,体现了一步一个脚印的道理。只有按照足球运动的发展规律先夯实了"基础",才能谈未来的发展。

"普及"与"提高"是校园足球的两个方面,两者互相渗透,不可分割。开展校园足球活动,必须以"普及"为立足点,然后努力"提高"足球水平,通过"提高"的过程来实现发展的目标。"普及"与"提高"的结合既与足球发展的基本规律相符,也与青少年足球人才培养的客观规律契合,而只有遵循客观规律、科学原理,才能实现持久的发展。

当前,我国各地积极开展校园足球活动,但一些地区因为误解了校园足球的真正意义,所以在开展过程中有急功近利的现象,以追求优异的运动成绩为主要目标,认为校园足球的发展就是不断举办校园足球竞赛,提高比赛成绩,这无疑是一种典型的功利主义思维,是不正确的价值取向,阻碍了校园足球的发展。对此,我们要积极传播正确的校园足球理念和价值取向,在科学理念的指引下普及足球运动,扩大足球人口规模,带动更多的青少年积极参与校园足球活动,产生浓厚的足球兴趣，使其将足球作为强身健体的重要手段，并通过丰富多彩的校园足球来达到全面育人的目标。

提高青少年足球运动水平，培养青少年足球后备人才，提高足球竞技水平是在普及基础上的一种升华，是开展校园足球活动第二个层次的价值取向。"普及"是"提高"的基础，"提高"是"普及"的递进，从价值层面来讲两者都是校园足球活动价值的一种衍生，具有递进性。明确"普及"与"提高"对于认识校园足球活动的价值、厘清两个层次的价值取向、深入开展校园足球具有重要意义。

（二）培养全面发展的人

中国足球发展所追求的最终目标是人的全面发展。校园足球是培养全面发展的人的有效载体，其承载的不仅是国人对足球振兴的中国梦，还承载着教育、培养社会主义建设者和接班人的重要职责。

校园足球具有重要的教育价值，主要体现在对学生身体、心理、社会等各方面发展的积极促进作用。培养全面发展的人不仅是素质教育的基本要求，而且是我国人才规格培养的重要标准。校园足球是一种教育活动，也是一种育体、育心的手段。国家重视校园足球不仅是为了提高我国足球水平，也是希望通过校园足球活动来健全青少年人格，培养全面发展的人。校园足球是学校贯彻素质教育，全面育人的重要途径，不仅对体育系统具有积极意义，对教育系统深化教育改革也起到重要的促进作用。

（三）传承足球文化

足球是世界体育文化，传承足球文化是我国开展校园足球的基本要求和重要任务。在校园足球活动的开展中传承足球文化，不仅要大力建设校园足球文化，还要使青少年学生通过亲身参与足球运动而体验足球文化的魅力。校园足球文化内涵丰富、特征鲜明、功能多元，对青少年学生的身心健康与精神生活都有积极影响，是现代校园体育文化中不可或缺的重要组成部分之一，也是校园文化建设的一个重点。

足球是一项体育运动，也是一种优秀的文化，挖掘足球的文化内涵、文化价值，对促进足球持续健康发展具有重要意义。一个国家的足球运动是否能够持续健康地发展下去，一定程度上取决于该国是否拥有良好的足球文化环境，足球文化环境既是一个基础条件，也是一个重要保障。而且一个国家建设本国足球文化还有利于传承民族精神,弘扬民族文化。校园足球具有突出的文化价值,建设校园足球文化,以校园足球活动为载体而传播足球精神、足球理念,有助于营造良好的校园文化氛围,建造优良的校园文化环境,充分发挥校园足球的文化价值。

校园足球文化建设的价值是以校园足球活动为载体而形成的物质文化价值、精神文化价值、制度文化价值以及行为文化价值的总和。建设校园足球文化,传承优秀的足球传统文化,能够为进一步开展校园足球活动提供肥沃的土壤,营造浓郁的校园足球氛围,使更多的青少年在足球文化的熏陶下积极参与足球、享受足球,并主动传播与传承足球文化。传承足球文化对青少年的发展无疑是非常有意义的,因而在今后的校园足球工作中要将传承足球文化的基本要求重视起来,自觉遵循,付诸现实。

三、我国校园足球总体开展状况及展望

2009 年,我国校园足球活动计划由国家体育总局和教育部牵头而成功开启,旨在促进青少年学生健康成长、全面发展,同时为国家培养优秀的青少年足球后备人才,促进国家足球事业的发展。经过十多年的努力,我国校园足球的发展取得了令人瞩目的好成绩,主要表现在以下几个方面。

(1)开展校园足球活动的学校大幅度增加,参与校园足球活动的青少年学生数量成倍增加。

(2)各地大力建设校园足球场地设施,明显改善了学校足球开展的基础场地设施条件。

(3)校园足球师资的专业水平经过系统培养与专业培训而得到提升。

(4)校园足球比赛如火如荼地举办着,比赛场次不断增加,初步形成了小学、初中、高中和大学的四级联赛体系。

(5)校园足球获得了社会的大力支持,社会氛围良好,为校园足球活动的开展提供了良好的环境。

我国校园足球取得的上述成果与政府的高度重视和引导密不可分,我国为有序开展校园足球活动,根据实际情况而制订发展计划,明确战略目标与任务,将其与中国体育强国战略、中华民族伟大复兴的中国梦

紧密联系起来，提升其在我国的战略地位，从而获得更多的关注与支持。足球崛起是我国政府迫切希望的，为振兴国家足球事业，我国更加注重夯实青少年足球基础，夯实人才基础，从基础着手而普及推广校园足球，表达了国家领导人对中国足球崛起和走向世界的殷切期盼。党和政府关于校园足球的一系列方针政策、规章制度等既使校园足球的发展方向更加明确，又为校园足球改革创新提供了制度保障。教育部为推动校园足球的开展做了大量的工作，如将足球纳入体育与健康课程、培养足球师资、建立校园足球联赛制度、开展四级联赛等，强有力地推动了我国校园足球的健康发展。在今后的校园足球发展中，教育系统将承担更多责任，完成更多工作，为促进我国校园足球发展而做出更大的贡献。

校园足球活动的开展取得了良好的成绩，这是毋庸置疑的，但有些问题也是客观存在的。我国校园足球发展水平和足球发达国家相比还有很大的差距，不仅在竞技水平上不及足球强国，在基础普及上也没有达到足球强国那样的程度。而且我国校园足球发展中场地设施短缺、师资力量不足、竞赛水平不高等问题虽然得到一定程度的解决，但没有彻底根除，从而影响了我国校园足球的发展步伐。解决这些问题迫在眉睫。相信在党中央、国务院的重视下，在各级部门的努力下，这些问题终将得到解决，校园足球必将蓬勃发展，青少年学生的健康水平将不断提高，足球后备人才队伍也会不断壮大。

第四节 校园足球未来发展思考

开展校园足球是一项系统工程，任重道远，未来我国可以从以下几方面来进一步推广校园足球，开展丰富的校园足球活动，提升校园足球的整体发展水平。

第一章　校园足球理论与发展

一、建设校园足球特色学校

（一）统筹兼顾，合理匹配

遴选足球特色学校，要统筹城乡、区域和学校类型，按高中、初中和小学1∶3∶6的比例合理匹配，适当向寄宿制学校倾斜。要有利于普及校园足球和开展区域联赛，鼓励民办学校争创校园足球特色学校。

（二）立足长远，因地制宜

着眼于中长期发展，从实际出发，量力而行，注重引导，鼓励多元化，吸引和鼓励更多的学校提高足球教学质量，努力争创校园足球特色学校。

（三）注重衔接，便于升学

遴选特色学校要按照就近入学的要求，充分考虑单校划片、多校划片现状，优先遴选片区内小升初对口直升学校。可向优质高中和具有招收特长生资格的学校倾斜，要有利于学生升学和习练足球的长期性。

（四）做好存量，发展增量

评估区域内已有"校园足球定点学校""体育传统项目学校"，纳入遴选范畴，在建设好存量的基础上逐步扩大遴选范围，培育种子学校，成熟一批，发展一批。[1]

二、深化校园足球教学改革

（一）更新足球教学理念

普及快乐足球理念，让青少年学生从足球中享受快乐、享受参与过程、学会尊重他人、自觉全力以赴争取好成绩等。这种简单快乐、积极向上的足球理念使青少年沉浸在欢乐的足球氛围中，对促进青少年身心健康具有重要意义。

---

[1] 庄小凤，沈建华.校园足球[M].上海：上海教育出版社，2014：15.

（二）创新足球教学方式

第一，结合学校实际制定校园足球教学方案，利用互联网技术开发足球网络课程。

第二，改革足球教学方法和教学模式，设计有启发意义的教学方式，提高学生的参与度和认知度。

第三，在足球教学中培养学生的足球兴趣，激发学生学习的积极主动性，寓教于乐，使学生快乐参与足球运动。

（三）培养校园足球师资力量

优秀足球师资力量的缺乏是制约我国校园足球教学发展的主要原因之一，要务实校园足球的基础，加快校园足球发展，提升校园足球水平。就必须重视对优秀足球师资队伍的建设，对足球理论素养好、专长突出以及有一定管理能力的师资进行培养。培养足球师资力量，既要培养新的队伍，又要对现有队伍进行专业培训，尤其要重点培训足球教练员、足球骨干教师和足球裁判员，培训工作必须具有持续性，从而促进足球教师教学能力、训练能力的持续提升，促进足球教师队伍综合素养的增强，使这支力量在校园足球发展中充分发挥自身的价值。

三、进一步明确开展校园足球的正确导向

我国一些地方在开展校园足球活动时过分强调比赛和成绩的重要性，急于求成，一心只想通过优异的比赛成绩来获得政府和社会的认可，这其实已经与校园足球的本质发生了偏离，不利于足球的普及和青少年的健康。

开展校园足球活动应以"增强体质"和"快乐参与"为主要导向，围绕这一导向建设校园足球文化，开展校园足球竞赛，培养青少年的足球兴趣爱好，培养足球后备人才。足球竞赛只是校园足球众多活动形式中的一种，而不是核心内容甚至是全部内容。举办校园足球活动要以增强学生体质、普及足球知识和技能、传承足球文化以及促进学生全面发展为目的，而不能只强调比赛成绩。即使是开展校园足球联赛，也应秉着科学合理、适度组织的原则，重在参与，不能过度强调最终比赛结果。

四、建立校园足球管理体制,加大管理力度

建立并完善校园足球管理体制非常重要,这需要解放思想,摆脱传统体育观念与体制的束缚,改革以体育职能部门为主体的校园足球组织体系,突出教育部门的主体管理地位,建立符合校园足球发展规律与现状的组织管理体系,实事求是地开展组织与管理工作,以政府为主导,体育和教育部门相互协调配合,并以教育部门为主,即建立"政府主导、教体共管,以教为主"的组织管理体系。

五、建立"选材"和"育才"相结合的校园足球后备人才培养模式

选材指才能发现,育才指才能发展。青少年足球人才选材工作由才能发现、才能确认、才能发展和才能精选四个连续的阶段组成,它们构成了选材的统一体。选材是一个系统的动态过程,包括一系列环环相扣的工作,选材和育才始终紧密相连,不可分割。在青少年足球人才的培养中,要将选材和育才紧紧结合起来。基于这一认识,立足我国足球发展实情,可以构建选材与育才相结合的青少年足球人才培养模式。

在选材与育才相结合的培养模式下,青少年足球人才的选拔和培养要做好以下工作。

第一,面向所有参加足球运动的青少年进行初级选材,选材方式根据选材对象的年龄确定,16岁以下的青少年,采用技术达标测试的方式进行选拔。16岁及以上的青少年,采用比赛方式进行选拔,根据测试与评价结果挑选合格人才。

第二,对经过初选的青少年进行技战术测试,以比赛形式测试,根据最终结果判断是否达标,达标者推荐到上一层继续测试,层层选拔。

第三,对最终入选的青少年进行系统培养,包括体能、技能、智能等多方面的培养,促进青少年后备人才的全面发展。

六、促进校园足球的可持续发展

校园足球可持续发展指的是校园足球在持续、健康和稳定地促进青少年学生健康成长、全面发展及培养青少年足球后备人才的同时,促进校园足球与教育之间关系的平衡和青少年与社会的和谐发展。可持续发展是新时期校园足球发展的必然要求。

(一)校园足球可持续发展的维度

1. 时间维

在这一维度上,开展校园足球不能有功利主义思想,要脚踏实地,一步一个脚印,不但要使当代学生的身心健康需求、当代人对我国足球运动振兴的渴望得到满足,而且还要使未来学生和人民的这些需求和渴望持续得到满足。

2. 空间维

在空间维度上,要推动区域内校园足球的和谐发展和区域间校园足球的协调发展。同时要对校园足球的发展规模进行控制,不要贪大求全,不要过早大规模扩展,否则会给有关部门带来经济负担,同时也无法保证质量。要先在某个或某些区域进行实践,起到示范作用,然后总结经验,时机成熟后再向更大区域推广和拓展。

3. 要素维

校园足球可持续发展的构成包括诸多要素,各个组成部分之间密切联系,相互影响,任何一个要素的变化发展都会对整个系统的运作和功能产生影响。因此要有机整合各个要素,处理好各要素之间的关系,通过优化各个要素来提升校园足球可持续发展的整体水平。

(二)校园足球可持续发展系统的运行机制

开展校园足球是解决我国竞技足球发展困境的一个突破口,因为背负着振兴足球事业的艰巨任务,因此校园足球发展中必然面临一定的复杂性和较大难度,比较普遍的问题是场地设置不足、政策保障落实不到位、组织管理不当以及多方利益的矛盾与冲突等,这些问题的存在增加了校园足球可持续发展的阻力和难度。鉴于此,要促进校园足球可持续发展系统的顺利运作,需注意以下几个要点。

第一,明确校园足球可持续发展的目标定位,对校园足球发展现状与发展目标的差距进行客观评估,明确差距大小,以利于采取针对性改革措施。

第二,通过加强组织管理、协调不同利益主体的关系来缩短预期目标和发展现状的差距。

第三,及时进行校园足球可持续发展系统协同运行结果的反馈,根据反馈信息进行调整,完善协同运作机制。

在校园足球可持续发展系统运行中,要加强科学管控,提高协同效应,达到理想的协同运作目标。

(三)校园足球可持续发展的评价

在推动校园足球可持续发展的过程中,要做好对校园足球可持续发展的真实状态进行客观评价的工作,具体要从系统论、整体观出发来筛选评价指标,设计评价方法,从而科学分析与描述校园足球在某个区域的发展状况,了解发展中存在的问题。

校园足球的发展和学校体育的发展不同,也与竞技体育的发展有区别,校园足球有自己的发展规律、发展特征,所以对校园足球的可持续发展进行评价时,既要树立可持续发展的理念,将可持续发展观体现出来,又要对校园足球本身的发展规律予以考虑。

以校园足球的可持续发展目标为中心,对科学全面、操作性强的评价指标和评价方法进行选用,从而提升评价的科学化水平,充分发挥评价的功能,真正推动校园足球逐步实现可持续发展的目标,这是系统评价校园足球可持续发展的总体思路,评价的具体流程如图1-2所示。

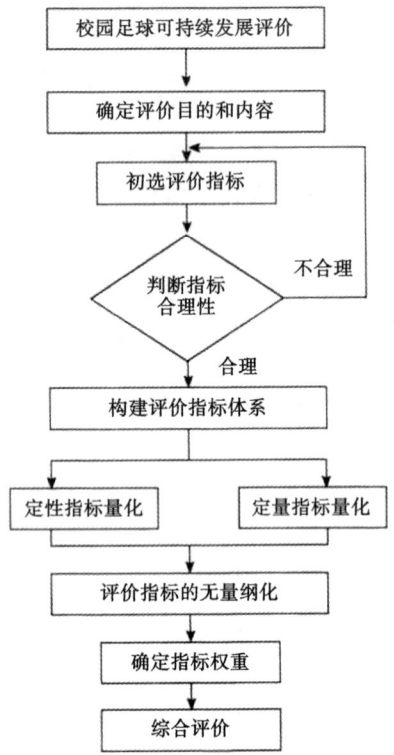

图1-2 校园足球可持续发展评价流程

第二章 校园足球的育人价值体系

校园足球作为校园教学的重要组成部分,具有不可替代的育人价值。作为竞技体育项目中的第一大运动,足球运动本身具有丰富的内涵与作用,在教学中可以加强发挥它的育人作用。本章从校园足球的健康价值、校园足球的德育价值、校园足球的智育价值、校园足球的美育价值以及校园足球促进学生社会化的价值五个方面展开阐述,试图对校园足球活动所具有的育人价值进行系统的梳理和分析,为我国校园足球在教育体系中的进一步深化做出全面的探讨和总结。

第一节 校园足球的健康价值

一、促进学生的全面健康成长

提高身体的健康水平是校园足球最基本的作用。在足球教学中,对身体素质的训练是整个训练的基础,是足球运动的重要组成部分。足球运动是一项争夺激烈、拼抢凶狠的同场对抗性运动项目。因此,想要真正地掌握足球运动,真正体会到足球运动的快乐,就需要青少年学生具有全面且优秀的身体素质,因此说校园足球对学生具有重要的健康价值。

足球运动的对抗性和激烈性,恰好与青少年好动活泼的年龄特征相吻合。由此可见,如果能加强青少年的足球教学内容,是一种尊重学生年龄发展规律的绝佳选择。足球运动对身体素质具有较高要求,那些经常参加足球训练的青少年相对而言体魄更加强壮、结实,并且在协调性、平衡性、灵敏性等方面都有较好的发展。随着我国校园足球的蓬勃开展,足球运动对促进和推动青少年学生的健康发展具有重要意义。青少年正处于长身体的黄金年龄时期,如果能及时地帮助他们进行科学锻炼,提供充分的营养补给,对他们的健康成长将产生积极作用。同时,对青少年的学习和生活也发挥着潜在的帮助。

二、促进学生的骨骼发育

青少年学生还未完全发育成熟,如果能够及时进行系统、规律的运动训练,可以帮助他们的身体机能向着更加健康的水平发展。在青少年儿童期进行科学的体育运动,可以有效地促进其骨骼生长和身高的发育。骨骼作为人体结构的重要组成部分,既受先天遗传基因的制约,也受到后天体育锻炼的刺激和影响。如果想要拥有一副高大挺拔的身材,在青少年时期加强提升骨骼性能将至关重要。尤其像足球这一类对全身机能都能进行锻炼的运动项目,能够很好地促进青少年骨骼发育、增强其性能,从而达到增强骨细胞增殖、提高骨细胞活力的目的,使青少年获得更加高大挺拔的身材。总之,足球是一项集多种动作技巧于一身的综合性运动项目,对于正处于身体发育高峰期的青少年来讲,可以有效促进其身体发育,尤其是对骨骼的生长和强壮具有相当明显的效果。

三、加速学生的肌肉发育

(一)有利于全身肌群的发育

肌肉组织对人体健康的作用不言而喻。要想获得健康有力的肌肉组织,必须经过长期、科学的训练。校园的足球教学基本上是一个系统而长期的教学过程,会持续进行多年。因此,对于发展学生的肌肉组织非常有利。足球运动中,除了守门员,其他运动员都需要大量的奔跑,在组织攻防的过程中要进行频繁的传接球动作,在这一活动中需要动员运动员多处肌群的参与。为了能在足球比赛中有效地发挥和运用各种技战术,需要在日常训练中进行基础素质训练和专项素质训练。所以,参加足球运动的青少年学生,在力量、耐力等方面都会得到充分发展,其肌肉组织会非常发达。

青少年代谢旺盛,身体发育迅速。如果此时能够得到科学合理的训练,对于其肌肉组织的发育和增加势必会起到积极的促进作用。因此,应充分利用青少年学生这段身体发育的黄金时期,对其耐力、爆发力、速度等素质加强训练。足球运动作为一种全身性的体育运动,能够同时训练到人体的力量、速度、敏捷性等素质,以及转身、加速、变速等方面的能力。通过足球教学活动,可以增进青少年的体能,促进青少年全身重要肌群的生长发育,以及收获更多的运动效益。事实证明,长期进行足球运动的青少年,其肌肉发展得更为强壮和全面。

（二）促进力量素质的发展

经常进行足球运动的青少年学生一般都具有较好的力量素质。进行足球运动首先需要适应长时间的奔跑,因此会逐渐发展出快跑、中跑、慢跑、变速跑、快速启动、急停等能力。在进行各种类型的奔跑运动中,让青少年学生的腿部及手臂等位置的力量素质得到很好的锻炼。在进行远距离传球或者射门时,会很好地训练到学生的力量素质。比如,射门技术将考验学生的爆发力。射门是足球运动中最关键的一个环节,是所有球员配合努力的共同目标,比赛就是为了射门得分,为了得到更高的分数。然而在比赛中射门的机会稍纵即逝,每一次的射门都会牵动着所有人的神经,它决定着球队的胜负甚至球队的命运。因此在日常训练中,对射门技术的训练非常严格,只有准确地把握方向和拿捏力度才能实现优质的进球。另外,在传球过程中,学生通过对场上形势的判断及时地将球传给队友,同样需要对力量有准确的把握才能实现完美配合,创造射门的机会。除了传球和射门之外,在足球场上还充斥着大量的身体冲撞。在合理冲撞的范围内,如果没有足够的力量基础则很容易丢球。如果没有强壮的身体素质,将无法进行有效的身体对抗,甚至还容易受伤。所以,在足球运动中对于力量的训练十分重要。

（三）提升协同与速度素质

足球运动的魅力之一往往体现在传带球、过人、射门等动作技巧上。有很多球星就是因为具有一门绝杀技术而获得盛名。然而每一项技术的运用都离不开对各项身体素质的协调运用,比如力量、速度、耐力等。只有具备了良好的基础素质,才能在比赛中流畅地发挥技术动作。因此,校园足球中要对学生的身体协同能力加强训练。只有当身体具有较强的协同性的时候,才能完成和掌握复杂动作,才能让技术运用得更加有效。另外,在足球运动中运动员的奔跑速度也至关重要。如果运动员奔跑速度慢,那么其他技术能力再强也会大打折扣。因为,只有在高速奔跑中完成各种高难度技术才具有实际意义,才能让技术发挥它的真正价值。在足球比赛中,运动员需要具备良好的反应能力,还需要在带球、传球和移动中保持一定的速度。通过协同身体的各个部位,进行快速的进攻才能给对手"致命一击"。依托校园足球训练,则可以很好地锻炼青少年学生的协同性,以及提升运动速度。

（四）提高耐力和灵敏素质

由于足球场地大、比赛时间较长,因此,对运动员的身体耐力有相当大的要求。甚至从某个角度看来,足球比赛中身体耐力将在很大程度上决定着球队的战斗力。如果运动员的耐力不够,那么当比赛进入到后期的时候,运动员的各种表现都将受到不同程度的消极影响,比如反应、速度、灵敏、协调、判断能力以及技术动作的有效性等。也就是说,运动员的耐力水平将直接影响其他能力的发挥效果。而如果耐力水平和灵敏素质都非常强的话,那么无论对个人还是整个球队而言,都将成为非常有利的条件,即球队的水平更加稳定,球员之间的协调程度更高,因此赢得比赛胜利的机会也就越大。因此,在校园足球教育中,培养学生的耐力素质和灵敏素质十分重要。教师应该结合学生的年龄情况选择相适宜的耐力训练和灵敏训练,帮助学生具有适应比赛的身体耐力水平。相较于成年人,青少年的耐力水平相对薄弱,而通过进行足球训练,可以有效地提高青少年的耐力水平,并且对他们在生活和学习方面的发展也有助益。

四、提高神经系统能力

有研究表明,足球运动员或者经常进行足球运动的人,拥有更加发达的神经系统。那么对于处于身体发育阶段的青少年而言,经常进行足球运动将起到促进神经系统发育的作用。通过系统和长期的足球训练,可以有效地提高学生神经系统的生长发育,从而对提升整体的身体素质、身体机能都有促进作用。依托校园足球教学科学、合理的训练安排,使青少年的身心都获得健康的发展。具体来说,足球锻炼对人体神经系统所产生的影响主要表现在以下三个方面。

（1）足球是一种对技术和战术都有较高要求的运动项目。足球的技战术对活跃和促进大脑神经的发育和生长起到积极作用。在校园的足球训练过程中,学生在学习和掌握各种动作技术、战略战术的时候,都会强烈地刺激和活跃大脑神经细胞。长此以往,青少年的大脑发育将得到持续、有力地刺激,使学生的脑神经系统变得更加敏感。

(2)长期规律地进行足球训练还可以促进机体激素的分泌。这是因为,大量的足球运动需要足量的激素参与,而学生在进行足球训练的过程中,为了适应运动需要,机体会分泌出大量的生长激素,这些激素对于促进学生的身体发育具有重要作用。比如,坚持进行足球运动的学生,往往都拥有更加强壮的体魄,具有较强的免疫力,整个人的精神气质也更为积极向上、充满活力。

(3)足球运动在锻炼学生的身体灵活度方面也有显著效果。在足球运动中会对青少年的身体各个部位进行锻炼,包括头部、颈部、肩部、胸部、髋部、腿、膝关节、踝关节等,不仅能促进身体的灵活性,而且要求身体在协调能力、平衡能力、灵敏度等方面都具有较高的水平。

第二节 校园足球的德育价值

校园足球的普遍开展还具有重要的德育价值。少年强则国强,这里不仅是指少年的身体强健,同时也包含少年的品德养成和精神意志水平。可以说,青少年的德育水平关乎民族和国家的文明延续和未来发展状况。在校园足球的教学中,应加强其德育价值的发挥。

一、培养学生的坚强意志

(一)培养学生的情绪管理能力

意志品质决定了一个人面对困难和战胜困难的能力,它是一种综合素质体现。它包括自觉、自强、坚韧、自制等构成在内的品质特性。足球运动作为一项高强度的对抗性运动项目,对运动员的意志品质要求极高。这种意志品质不仅包括能够克服日常训练的枯燥和艰苦,同时也包括在比赛中面对强劲对手的碾压时仍然做到奋力抵抗,而不是在精神层面被压垮而放弃。一个标准足球场大概有7000多平方米,而运动员需要不停地跑动、接传球、组织防守与进攻、与队友保持最有力的队形等。因此,在一场90分钟的比赛中,足球运动员几乎大部分时间都在跑动中。除此之外,平均还要完成上百个有球、无球的技术动作,因此对运动员的体能消耗是巨大的。如果意志薄弱,则很难始终保持较好的比赛状态,在体力上、精力上和意志上会接连地出现松垮和溃败。

因此,经常进行足球运动的学生,会逐渐培养出坚强的意志品质。在校园足球的开展过程中,除了体现出足球显著的提高身体素质的作用以外,还发挥着磨炼学生意志品质的作用。在校园足球的系统训练下,不仅可以逐渐增强学生的体质和健康,还可以帮助学生养成坚强的性格品质。它包括日常的各种体能训练和激烈的足球比赛。无论是训练还是比赛都要求学生在精神高度紧张的情况下仍然能够稳定地发挥出应有的水平。校园足球的教学特点是以实践活动为主要内容,它通过一系列的身体活动、认知增强、情感流露、情绪调节和行动决策等对学生进行全面的塑造。比如,校园足球要求学生能够经受得住大强度、高密度的各种训练,要在体能消耗巨大的情况下仍保持良好的心态,在局势明显不利的情况下仍保持情绪稳定、思维缜密、行动严谨。总之,科学系统地开展校园足球在很大程度上培养了学生顽强拼搏的优秀品质,并且还锻炼了他们对情绪、意志的自我管理能力。

(二)培养学生的自我激励能力

校园足球的育人功能体现在方方面面,比如,它还包含培养学生自我激励能力的作用。自我激励能力是每个人都应该掌握的能力,因为在人的一生中,大多数时候并不会有一个教练式的人可以及时地给予你指导和支持,也并不总会有人能看到和理解你的困境,因此,最重要的还是要学会自我激励,帮助自己渡过难关。人生有时候很像一场足球赛,你要在赛场上奋力搏杀,你肩负着很多责任,每个人在和队友通力合作的同时,要有能力处理好自己的职责,如果摔倒了必须有能力重新爬起来,因为在比赛中,教练不能上场激励你,队友也不一定正好在你身边可以扶起你。所以,在校园足球的教学活动中,一方面要磨炼学生的意志品质,另一方面,还要培养他们养成自我激励的习惯。以便在未来遇到挫折时,能够第一时间安抚自己的情绪,整理好自己,重新开始新的战斗。

随着校园足球的关注重点不断深入,在校园足球高度重视教学重要性的同时,校园足球赛事作为学校体育的重要媒介,通过对比赛情境的创设,以体验式学习的方式,充分利用赛场上的竞技性、对抗性等,制造了高压高强度的情境氛围,让学生在足球比赛中充分体验到在接受考验、面对挫败时的感受,以及为了能够完成团队的集体目标,为了不辜负大家托付的重任,必须学会自我激励的能力,及时调整心态,以饱满的精神状态完成比赛,取得最佳成绩。

二、培养学生的协作意识

(一)培养学生的团队精神

足球是一项需要团队高度协作、默契配合的运动。团队精神是足球运动的核心,任何一个足球队都需要整个团队的精诚合作才能发挥出最好的水平。这种团队的凝聚力和默契需要长期培养和特别的维护。团队精神可以体现为舍小我为大我的大局观,需要具有一定的奉献精神。并且,在彼此具有高度协作意识的前提下,才有可能发挥出团队的最高水平,打出漂亮的比赛,甚至是完成不可完成的任务。这些都是足球运动的精彩的体现,也是团队协作意识的要求。

在校园足球活动中每个成员都相互扶持,积极配合。大家为了一个共同的目标而努力,这是个人利益与集体利益的最大化。因此,足球胜利的奖杯永远属于团队而非个人。这是因为,足球是一项非常典型的团队合作项目,尽管赛场上只有11名队员,但场下还有教练、替补选手、营养师、医务人员、后勤人员等。每一个人都是集体的一分子,每一个人都在为了每一场比赛做出自己最大的努力。在场上努力奋战的队员,彼此协作于配合,尽全力发挥出球队的最佳水平、获得比赛的胜利。每一次的传球、过人、射门、抢断、扑救等,虽然是由一个具体的球员完成,但是它离不开场上其他球员的配合以及为此创造的条件。因此,足球运动是团体的运动,通过长期的训练,可以很好地培养学生的团队意识。

(二)培养学生的协作能力

合作精神是现代社会高度发达的重要因素。个人英雄主义已经退出历史的舞台,现代社会讲求的是合作与融入,只有当更大的价值系统取得成功的情况下,个人才能获得最大的成功。在足球活动中其实亦然,无论哪个超级球队,尽管一名巨星可以给球队带来更大的荣耀和获胜概率,但是总归需要团队的精诚合作才能实现最终的胜利。协作能力是校园足球的主要教学内容,足球教学活动对学生团队合作精神的培养更是具有先天优势。学生在学习每一个技术的时候,都应该明确技术是为达成团结目标而服务的,而并非为了个人炫技而服务。学生在学习足球战术的时候,也应该加强整体战术的意识。因此,在足球教学中实施合作学习,培养学生的团队合作意识和协作能力是非常直接、有效的途径。

作为一项团体体育活动,足球需要团队和个人很好的融合才能进行。而团队协作的前提,是角色平等的价值观念,是明确集体目标和个人定位的思想意识。只有在角色平等的观念下,才能实现相互合作的可能,因此这也是对青少年道德人格的塑造过程。对于一支球队而言,每一个球员都占有同样重要的地位,发挥同样价值的作用,仅仅是分工的不同,没有高低的区别。即使是一个超级巨星,也不可能凭一己之力赢得一场比赛,它需要11名球员的默契协作和共同努力才能完成。

协作能力和其他能力一样,需要经过多次的练习才能习得。而校园足球则是一个很好的途径。因为在足球运动中,必须依靠与队友之间的默契合作才能让它进行下去。设想假如某个学生的自我意识太强烈,总想自己控球,那么他很难取得成绩,也很难获得其他队友的支持和配合,最终将被淘汰出局。因此,足球训练在潜移默化中培养了学生与人协作的能力。同时,他的意识中也有团队、个人、角色、任务等符合现代社会发展需要的一些概念,这些对学生的健康发展以及未来能够适应社会环境做好准备。

三、培养学生的责任意识

通过校园足球的教学活动,还可以很好地培养学生的责任意识。比如,无论学生在球队担任什么角色,负责什么位置,他们其实都担负着为球队赢得比赛和荣誉的责任,并非只是为自己而努力。因为肩负着更大的责任,也会让学生更有担当,培养出对集体、对团队的责任意识。与团队精神和协作能力相比,责任感是一种更为高尚的道德情感,是令学生快速成长的有效途径。而且,责任感一旦产生就会成为一种稳定的心理品质而伴随学生的一生,使学生终身受益。

纵观世界知名强队,无不要求球员必须各尽其职,充分发挥团结协作精神,因为只有依靠强大的集体力量才能具有超强的战斗力,才有可能战胜强敌。通过足球的训练和比赛,学生会逐渐融入集体作战的团队协作模式,会体会到个人在集体面前的渺小,也能体会到个人所承担的责任,这一过程就是培养学生责任意识的良好途径。在校园足球的教学中,每个学生逐渐意识到自己在足球游戏中的职责,无论负责的是前锋、后卫,还是中场、守门员,都具有不可替代的作用,只有每个人都认真做好自己的本职工作,尽心尽责地投入战斗,才能赢得成功。而在足球比赛中,由于自己在球场上出色的组织能力,或者是一次漂亮的助攻、一次绝妙的传球、一个精彩的射门、一次及时的抢断等,都会为球队获得更多的主动权和优势,学生也能体会到自己在球队的重要作用,因此增强了内心的责任感,在日后的训练与比赛中会尽最大的努力去完成职责和任务。并且,具有责任感的学生在其生活和学习中也能充分发挥自身的优秀品质,能够在集体生活中和工作中起到重要作用。

四、培养学生的逆商能力

竞技体育风云变幻,竞争是精彩的,也是残酷的,天外有天,人外有人,没有永远的第一名。而通过校园足球的教学和训练,可以很好地培养学生面对挫折与失败的能力。因为每一次比赛都是一次面对胜利或失败的机会。如果获胜,那是对所有队员的极大鼓舞,是对之前艰苦训练的最大奖赏,也鼓励着学生再接再厉继续拼搏,迎接未来更大的挑战。总之,胜利可以增强大家的自信心,提升团队的战斗士气。如果遗憾落败,则考验着学生面对打击时的格局和气度,失败是对不足的提醒和检验,因此无须气馁,只需加强训练下次再战。此时教师应该引导学生以乐观积极的心态面对失败,人生中难免要充斥着大大小小的挫折与困境,这是学生们迟早要面对的课题。而足球正好给青少年上了一课,让他们提前经受适当的逆境、挫折和打击,反而可以很好地激发出每个人潜在的战斗力和生命力。

其实,在足球的日常训练中就开始潜移默化地培养学生面对问题、解决问题的能力,以及面对挫折与挑战时仍然能持续、稳定地刻苦训练的能力。我们知道足球训练异常艰苦,可能会不断地打击学生的自信心,挑战他们的承受能力,以及还有接二连三的磕磕碰碰、小伤小痛的发生。在这个过程中,就是磨炼学生在挑战和困难面前,是否还能精神饱满地进行训练和比赛。由于足球运动的竞技性、对抗性,以及其高强度、高难度的特性,其实是对学生的一种情景操练,球场上的挫折和逆境是对生活中的挫折和逆境的一种缩影,如果学生拼尽全力仍然不能获得胜利,仍然要面临淘汰出局,这对学生将是一个极大的考验。然而它的好处是,再大的打击也不过是一场比赛,后面还有很多的比赛可以证明自己,因此如果教师能够抓住这样的机会对学生进行积极正面的引导和启发,培养学生愈挫愈勇的品质,将是培养学生逆商能力的一个重要机会。无论是在足球场上,还是学习方面或者生活方面,如果一个人遇到困难就躲着走,碰到挫折就愁容满面,那么很难想象这样的人能够做出什么成绩。在校园足球教学中,学生在球场上奔跑、对抗、摔倒、再站起,再摔倒、再站起,一次次小的挫折就是对学生面对挫折、困境的最好的训练。无论当下再大的困难都会成为过去,要相信通过努力奋斗可以开创美好的未来,心中永远保持着对美好的希望和憧憬,要怀着积极乐观的人生态度面对人生。

五、培养学生的规则意识

没有规矩不成方圆。在校园足球的教学中,既是对足球运动的技能训练,也是依托足球运动培养学生的规则意识。学生在掌握足球技战术的过程中,要严格遵守这些技战术动作的具体规则,这就要求学生按照动作标准去学习、训练。无论个人能力和水平如何,都要遵守一样的规则才能保证比赛的公平性。每一项竞技运动都有各自非常严格、非常详细的规则要求,这是对运动项目发展的保护,也是对运动员竞赛环境的保护。同样的,在社会发展中,我们必须遵守各种规则才能得到持续稳定的发展。

在校园足球教学中,教师在进行技术训练的同时,也应该训练学生的规则意识。把足球规则精神与足球技战术意识有机地结合起来,才能达到预期目的。足球比赛是在足球竞赛规则下去完成的,场上的队员必须严格遵守足球竞赛规则并接受裁判员的判罚。这为足球教学德育教育创造了条件,可以培养学生遵守规则意识。比如在足球教学或训练中,我们可以借由足球竞赛规则、足球游戏规则、足球课堂常规、足球技术动作规范等渗透规则意识。规则意识是指以规则为自己行动准绳的意识,比如说学校里遵守校纪校规、社会上遵纪守法的意识。

第三节　校园足球的智育价值

一、开发学生的智商和情商

校园足球教学对促进学生的智能发展同样具有重要价值。足球作为一项技术难度大、攻防战术情形复杂的竞技体育形式，对运动员的智商、情商都有较高的要求。足球的技术动作需要动用身体的多项素质能力。比如，过人、抢断、射门等，都需要运动员具有优秀判断力、洞察力、记忆力、决断力以及应变能力，这些既是具有较高智商的体现，也是进一步促进和刺激球员智能发展的有力手段。因此，在校园足球的教学中，通过加强学生学习各种足球的技战术，可以很好地促进学生的智能发育，也是对其他学科智能教导的极大补充。因为，无论是文科还是理科，或者是音乐、美术这些学科的智能教育，更多的是智识层面的教学，而足球等体育学科是从学生的肢体动作反向进行智能的开发与刺激。而且，足球教学中所需的智能，大多数是对学生综合能力的考验。比如，在一场足球比赛中，由于对某个接传球的判断失误而丢分，那么就会启发学生进行反思和总结教训。当下次再遇到类似的球时，就会有更准确的判断和应对方案。通过多次的训练和经验累积，会逐步培养学生的思考能力、分析能力以及调用资源的能力。并且还会将这种方式运用到其他的学习和工作中。

总之，在赛场上双方的局势瞬息万变，需要球员有较强的应对突发问题的能力，并且能够快速、高效、准确地解决问题。因此，在足球教学或者足球比赛中，教师应该有意识地培养学生发现问题、分析问题的能力，以启动学生自主解决问题的能力。

二、刺激启发学生的求知欲

校园足球活动在很大程度上能促进青少年的智力发育，足球运动不同强度、不同频率的训练和比赛，都会对青少年的智力发展产生不同程度的影响。学生在参与校园足球活动的过程中，需要启动多种智能活动,包括适应比赛规则,观察球场形势的不断变化,对场上队友和对手的位置、状态、意图随时保持灵敏的观察,并做出合理的反应。也就是说,在一场足球比赛中,是对学生观察力、注意力、想象力等智力构成因素做出全面的考验,同时也是一种积极的训练过程,能有效地促进他们的智力发展。足球运动对学生智育价值可体现在以下三个方面。

(1)通过学习足球运动的基本知识来提升学生的求知欲。足球运动中涉及力学、人体运动学、运动医学、运动心理学等许多学科的知识。提升一个技术能力可能会涉及多个学科的知识。因此,学生在掌握足球运动的过程中,可能会开启对其他相关学科的学习兴趣。

(2)通过掌握足球运动的基本技战术来提升学生的综合智能水平。例如,可以协调发展学生的感知能力、思辨能力、临场应变能力以及和队友之间的沟通组织能力。

(3)通过进行足球运动可以有效提升学生的创造性。尽管在比赛中运用的足球技战术都是平时训练中教练教授的,但是要想在赛场上很好地运用还需要一定的创造性。因为,没有人能够准确地预知下一场比赛会出现什么状况,在赛场上对技战术的应用完全凭借学生头脑的灵活性以及支配身体的协调能力。这是一种将现有知识和技能进行二次创造的能力。试想在一个宽阔的球场上,学生必须排除场外干扰,以及自身的情绪波动,集中精力观察球场上的变化,并及时做出应对,以及能够在快速攻防转换中做出正确判断。这些都需要学生在平时的训练和生活中积累各种经验和技能,从而开展校园足球可以很好地引导学生进行自主学习,不断地提高自身的知识技能素养,以提高足球的运动水平。

三、提升学生的综合能力

在素质教育理念下,校园足球肩负起更多的智育价值。作为一项具有严密复杂的运动规则的现代竞技运动,进行足球训练本身就是接受现代竞技体育文化的训练和熏陶。

首先,能够长期进行足球训练的学生,一定养成了较好的自律能力,否则不可能完成长期规律的训练,在日复一日中他们一定逐渐内化了健康的生活概念,养成了规律、节制的饮食习惯和作息习惯。

其次,在循序渐进的足球训练中,可以很好地锻炼学生的神经系统和感官系统,可以很好地激活学生的大脑活力,并对创造力的开发与培养起到促进作用。

最后,校园足球运动既是对学生的身体素质的有效提高,也是对他们的洞察能力、思辨能力、情绪控制能力以及组织协调能力的锻炼。

总之,校园足球的教学活动对学生具有多种智育价值,并且已经成为青少年的各种教育活动的重要组成部分。

第四节 校园足球的美育价值

一、体育美学的概念

在体育运动中充满了美学元素。从美学的角度去研究体育运动的内涵即体育美学。它集中体现为对体育运动的所有审美因素进行考察,并从中分析出丰富的审美价值和审美思维,是一种人类生命活动的综合效应。

二、足球的美育作用

足球运动是一种创造性活动,它不仅具有高难度的技战术要求,而且还是一项具备审美价值的体育项目。高度体现着人体的骨骼、肌肉、形体等自然美,以及在竞技过程中展现的运动之美、力量之美、智慧之美和精神之美。因此,在校园足球的教学活动中,还包含着重要的美育内容。它依托足球训练和比赛的形式,带领学生体会足球运动中多重美的内涵,从而陶冶学生的情操、愉悦学生的心情,对促进他们的学习能力和创造能力发挥着重要的作用。

(一)足球教学中的美育作用

著名的雕塑家罗丹曾有一句流行甚广的名言:"美无处不在,世间并不缺乏美,而是缺少发现的眼睛。"这句话的意思其实是关于美的理解,是建立在个人对美的认识和感受能力的基础之上的。那么对于体育美而言,需要在体育教学中加强美育的作用。通过进行体育运动训练,不仅要培养学生的德育、智育以及身体素质的发展,还要培养学生发现美和感受美的能力。并且,美育同时也具有促进智力发展、调节神经系统、提高学习和工作效率的能力。另外,美育也能促进学生心理的健康发展,对培养和完善健全的人格具有积极意义。由此可见,美育在体育教学中具有深远的教育意义。

在足球教学中,美是无处不在的。美的动作、美的旋律、美的节奏贯穿在足球运动的全过程中。在足球教学中,需要对学生加强欣赏美、追求美、创造美、表现美的意识培养和能力培养。足球作为竞技体育中的皇冠,是全球范围内第一大运动项目。与足球相关的庞大产业体系说明了足球拥有这样的地位并不是徒有虚名,足球涉及竞技体育的多种维度,包括全面的身体素质、激烈的对抗以及复杂先进的技术与战术系统。总之,作为竞技体育最重要的一个组成部分,足球具有非常丰富的美学价值。因此,在校园足球的教学内容中,应该加强安排学生对体育之美、运动之美、足球之美的美育内容,并且努力给学生创造更多的实践机会,让学生充分交流和展示自己的审美能力、创造美的能力,并且还要充分调动学生的积极性,帮助学生将已学的体育美学理论指导实践,从而加强足球美学教育的效果。

(二)足球教学中的美育特点

哲学家黑格尔曾经说过:"审美具有令人解放的性质。"在校园的足球教学中,美育是其中一个重要的组成。从形式上来看,足球是完全自由的、不受任何拘束的,让人的心灵得到彻底的释放和升华,这不仅符合黑格尔关于审美的判断,它也是足球运动之美的重要特质。在足球教学中,美育特点包括如下几个方面。

(1)在足球教学中,美育是通过人体运动的各种形式所体现出来的。它具有鲜明、生动、具体的形象特征,并由此引起人们情感产生激烈的波动和共鸣,以一种综合的运动美感打动人、影响人和疗愈人。

(2)足球教育中的美育首先是以个人兴趣和个人爱好为出发点的,通过培养对足球的兴趣,从而让学生在兴趣的引导下逐渐深入地去体会和感受足球所具有的丰富的美的内涵。而且这一过程是在潜移默化中完成的,是学生在潜心练习各种足球技巧的过程中,在与同学切磋球技的互动中,在享受足球带来的强烈的娱乐中,逐渐产生出对足球的各种美的感受和体验。让学生在不知不觉中受到感染,得到滋养。

（3）足球教学中的美育是主客体相互作用的过程。是在理性与感性的交互作用下，学生作为学习主体逐渐地被足球这一客体而吸引、影响和改变。之后，学生再把个人的理解、体会和习得的技能进行综合的展现，丰富着足球的美和内涵。

(三)足球教学中的美育价值

1. 足球的设计之美

每一项体育运动都有其独特的运动美学。从运动形式到竞赛形式，其内容之美、设计之美都给人以视觉和精神多方面的享受。比如足球运动，仅仅一只普通的皮球并没有什么特别之处，静止时与其他球类也没有什么分别。但是，当它作为足球运动被设计出来的时候，却散发出无穷的魅力。一只小小的皮球可以牵动着全世界球迷的神经，令无数人为之痴迷、为之震撼。

作为当今竞技体育的第一运动，足球的价值已经远远超越了一项体育运动的范畴。足球强大的影响力不仅包括其经济价值、教育价值、文化价值，还是一种审美价值。以社会学家的观点来看，足球可以让人们郁积已久的不良情绪得到合理的宣泄。借由足球比赛中双方激烈的对决，让球员以及球迷的情绪随之发生强烈的起伏，如果自己支持的球队获胜，那种胜利的喜悦与欢呼声令整个球场所震撼。如果自己支持的球队失败，那么球迷的伤心和愤怒程度无异于输掉一场战争。正是足球比赛带给人们的这种大起大落的情绪体验，在某种程度上保证了社会的稳定发展；而如果从心理学的角度解释的话，通过足球运动可以使人们潜在的攻击性需求得到满足。而在教育学家的眼中，足球教会人们在面对困难时应无惧挑战、勇往直前；而在政治家眼中，足球的魅力是以小球转动大球，具有四两拨千斤的作用，一只小小的足球可以促进国家之间的交流与和平；而在美学家眼里，足球处处都是美，比如运动员的力量之美、拼搏之美、技术之美、战术之美，以及比赛的悬念之美，个人的高度情绪体验之美等。总之，在足球运动的设计中，充满各种各样的美感。足球的阵型、打法、技术流派、战术风格等，每一个都可以单独提出来成为美学研究的题材。从足球诞生至今，经历了多次演化和发展的过程，其中的每一步都离不开人们丰富的创造力以及对足球的热情，才推动着足球不断向前发展，并散发出独具魅力的足球之美。

2. 足球的技术之美

每一种竞技体育项目都有着不同的技术展现,而足球的技术魅力可以用视觉盛宴来形容。足球的技术之美主要体现在运动员在运用技术解决各种情况所表现出的智慧与身体技巧之美。作为高难度竞技体育项目之一,足球运动主要运用脚部对球进行控制,来完成一系列运球、控球、过人、传球、射门等动作,从而实现防守与进攻的目的,最终达到赢得比赛的目标。在这一过程中,通过不同的运动员、以不同的技术流派体现出不同的技术之美。可以说,技术是足球的灵魂,是足球运动中至关重要的因素。足球技术决定了一场足球比赛的观赏性,决定着足球战术能否正常发挥,决定了一个球员的身价,总之,足球的技术在足球运动中具有决定性的作用。

足球比赛的魅力之一,就是充满激烈的身体对抗,在重重防卫之下发起进攻、获得胜利。并且,为了达到这一目的需要根据临场情况运用复杂的技战术手段。而没有哪两场足球比赛会完全一样,每一次的比赛都充满未知,因此也让人充满期待。足球的魅力就在现场,因为比赛是无法预演也无法预知的。在比赛前运动员不会知道自己将遇到哪种情境,也不知道对手会使用哪种技术或战术,更无法知道自己的技术水平发挥如何。所有这一切,都要等到比赛正式开始后,根据每一个当下的情境选择使用不同的技术。

现代足球讲求速度、意识和意志多方面的提升,要求技术与目的、位置等方面进行完美的结合,这就意味着更全面、更快速、更娴熟、更简练、更高强对抗的足球技术出现了,于是在很大的程度上增强了足球技术美的观赏性。例如,超级巨星克里斯蒂亚诺·罗纳尔多的电梯球技术令人目瞪口呆;梅西带球突破过人的技术令人眼花缭乱,这些都令足球的技术之美达到登峰造极的程度。

3. 足球的对抗之美

足球运动属于同场对抗性球类项目,因此,它的美感以突出力量、对抗和进攻之美为特点。双方球员在统一的规则之下,极尽所能地通过技战术手段展开激烈的竞争,通过对控球权的争夺而伺机发起进攻。防守方当然也不甘示弱,在顽强抵抗的同时随时寻找反攻的机会。可以说,在一场势均力敌的足球比赛中其战况是瞬息万变的,其进攻极为凶狠,

第二章　校园足球的育人价值体系

防守也堪称顽强。越是水平与技术相当的球队,比赛就越精彩,观赏性就越强。观众随着比赛的胶着程度而被牵动着每一根神经,会为场上运动员每一次的精彩技术发挥而欢呼、助威。足球的对抗之美,是在合理的规则要求之下充分发挥人类进攻性的一种体育运动形式。因此,在某种程度上,足球的对抗性和对抗之美是对人性的基本需求的满足。所以,足球的对抗美在某种程度上,是可以引发人性中的共鸣,无论是身体的对抗还是技战术的对抗,都能给人以深刻的情感冲击和强烈体验。

4. 足球的战术之美

所谓外行看热闹,内行看门道,足球不仅具有技术之美和对抗之美,而且还有只有专业人士或者自身球迷才能看懂的战术之美。以当今足球的发展水平而言,一个球队的重要核心不是球星,也不是球员的平均技术水平,而是它在比赛中对战术的应用。因为对战术的运用效果不仅决定着一个球队攻防转换的节奏,还掌控着球队的整体步调。在一场比赛中,战术水平的发挥是决定一支球队输赢的关键。足球运动中的战术之美,是一种复杂的系统之美,是比赛中个人与个人、个人与集体之间的精妙配合,是双方对决时底层逻辑的较量。根据赛场上的形式,球员必须在瞬间做出最准确的判断,靠着与队友之间的默契进行传接球的配合,而关于球的传代距离、落点、力量与角度都充满了变化,但是又能准确地体现球员的意图,从而表现出美感。每个球队在比赛之前都有详细的战术计划和准备。比如后场长传、前场球员迅速插上,形成快速反击的战术;或者边路带球突破下底传中,边路和中路相互配合的战术;以及进行防守时,采用全场紧逼式防守和密集防守相结合的战术等。在比赛的关键时刻,可以因为对战术的调整和运用,最终扭转局面,而产生令人惊叹的神来之笔。足球的战术之美,归根结底是一种智慧之美,会令人回味无穷、无限神往。

5. 足球的精神之美

作为世界第一的竞技运动项目,足球运动充分体现了更高、更快、更强的现代奥林匹克精神。足球运动是一场充满挑战与自我超越的项目,在运动过程中伴随着强烈而丰沛的精神活动。足球运动要求运动员在公平竞争的前提下争夺控球权,以进攻为主要形式、防守为次要形式的激烈竞技运动。伴随着身体的激烈对抗,在精神层面是拼搏、坚毅、进取和勇往直前,这就是足球运动内在的精神价值。这种充满自我超越的精神之美,使足球具有重要的教育价值。足球运动的精神之美还表现在足球运动员强悍的精神力量。在一场足球比赛中,运动员的身体和精神都处于高度紧张的状态,如果没有强大的精神力量,很难始终保持最佳的技战术表现以及团队之间的默契配合。足球运动的精神之美还体现在为了梦想、为了球队的利益,每个球员都激励着自己不断进取、勇往直前,最终让球队在比赛的道路上走得更远。

第五节　校园足球促进学生社会化的价值

学生的社会化是指学生在从校园走向社会的过渡阶段,对自我身份转变的认识和适应过程。走出校园后,学生从已经习惯多年的学生身份一下子成为一个社会人,这其中少了许多保护和监督,多了许多责任和义务,要顺利完成这一过程需要学校在很多方面提前做好铺垫与准备,帮助学生逐步地认识自我身份变化所面临的挑战和机遇。其中,校园足球就可以发挥出重要的价值。它通过培养学生在团队中的责任意识、角色意识、协作意识等,逐渐地从原来只需听从教师的安排转变为主动承担起更多的责任和义务,主动地发现问题和解决问题,从而更加适应社会对人才的需要。总之,校园足球在促进学生社会化的方面具有重要的价值。

一、校园足球培养学生的社会角色意识

(一)熟悉社会化角色

1. 通过足球活动熟悉社会化角色

在足球的教学活动中,会涉及很多角色分工和职责分工的内容,这与社会中角色与职责分工的情形十分相似。因此,通过足球教学可以很好地加强学生的角色意识,从而促进他们在社会化的过程中能够顺利过渡这段时期。足球教学中通过对竞赛规则、技术要求、战术配合等方面

的学习,使学生对进入社会后要有意识先去掌握和学习相关行业的竞争规则具有初步概念。在此基础之上,是对角色权利与义务的认识。比如,足球活动中的角色一般可分为教练、中锋、边锋、前腰、后腰、左前卫、右前卫、中前卫、左后卫、中后卫、右后卫以及守门员等,尽管在外行看来每个人的目标都是为争夺控球而努力,而实际上每个角色都具有其特殊的使命和任务。

除了运动员以外,还包括裁判、观众、记者等其他不同身份的人员,而每一种类型的成员都是社会各领域角色在足球运动中的缩影,这也是足球运动社会化特性的体现,经过足球训练的学生必然能够提高自身的社会适应力。只有在角色和目标都十分清晰的情况下,每个人才能有所专注地发挥出应有的价值。当然,在角色分工的同时,每个人还要兼顾与队友的配合,而不是只单独完成自己位置的任务即可。总之,在这一过程中,让学生逐步意识到在集体工作中要明确项目目标、竞争规则、游戏方法以及自身的角色定位。让学生在教学过程中具有责任意识,并且能够根据项目目标主动承担起相应的责任和义务,从而有效地促进学生的社会化与个性化发展。

2. 通过足球活动实现个性化发展

在校园足球教学中,足球活动作为一种非正式的足球运动,既有其专业性的要求,也有教学任务要求,此外还有引导学生健身娱乐的具体要求。在专业性方面,需要在教师带领下引导学生学习足球的专业知识与技术,掌握一定的战术素养。在教学任务方面,是指借助足球的教学形式,培养学生建立一定的规则意识、竞争意识以及为日后步入社会而做好社会化准备。比如,在足球训练中学生要承担运动中的不同角色,在角色分配的过程中,被赋予不同的使命。不同角色之间需要进行多种形式的沟通,才能让活动顺利进行,从而为今后社会生活中的角色转变奠定基础。

随着社会的不断发展,对人才的要求也在不断提高。比如,未来社会需要一精多专的复合型人才,它意味着只掌握一种技能的人才将很难获得良好的发展机会。而在足球运动中,每个球员既要全面掌握足球的知识体系,熟悉团队中每个位置球员的角色职责和任务特点,同时也要专精自身角色的技术和战术。只有这样,才能保证球员之间的高效配合,才能完成团队统一的目标。校园足球运动是借助身体的活动过程,帮助学生实现精神层面的提升,以及社会层面的进阶与成长。它涉及学生的全面发展,也起到促进学生开启自我觉醒和个性发展的旅程。

(二)构建社会化通道

1. 通过校园足球搭建社会化平台

足球运动需要不同成员之间的相互协作,每一名运动员都要充分展示自己的技术水平和团队协作精神,因为除了个人技术之外,队友之间的默契配合是获得比赛胜利的关键因素。在某种程度上,校园足球就是社会的缩影,就是通过一套较为明确的活动规则和活动形式,突出成员之间相互协作的过程,并在此基础上形成较为浓厚的集体意识和集体观念。从这个角度看来,发展校园足球其实就是帮助学生构建社会化通道的一个重要途径。足球教学不仅仅是校园教育活动的重要组成部分,同时也是整个教育系统良性运转的载体,是促进学生全面发展的重要平台。

2. 通过校园足球内化社会化行为

体育教学是一种关于运动技能、文化传承、培养人才等多种任务的综合的教育手段。其价值体现在培养人与社会和谐发展的内涵上。学生在社会化发展中的体验与感悟大多处在被动、依赖、不彻底,甚至比较茫然的状态,对适应社会实践缺乏合理的途径和通道,从而使他们的社会化进程发展缓慢甚至遇阻,这对社会的和谐发展是极为不利的。因此,应该在校园教学中加强学生社会化的积极性和主动性,而校园足球就是其中一个很重要的途径。通过足球训练,使学生在潜移默化中掌握了一些社会生存的基本意识和技能。将外在的社会化行为规范、准则内化为自己的行为标准。在走向社会之后,可以很快地调用原有的行动意识与能力,从而为顺利社会化做好准备。

3. 通过校园足球积累社会经验

社会化是人类特有的行为,每个人迟早都要发生社会化转变。只有经过社会化,才能将在学校中学习的知识和技能发挥出应有的价值,使所需要的能力得到进一步的确认,从而开启自我教育、自我管理和自我服务的意识。现代社会对人才的责任、道德、人格和能力等方面都提出了全新的要求。在足球教学中,教师应该努力创设社会环境和气氛,让学生学会体验、理解、感悟社会化、角色分工、权利与义务等社会发展中重要的概念。逐步引导学生建立其理解社会发展与个人发展的相互关系,并自觉地开展自我教育、角色定位、终身学习等重要的个人在社会发展中所需要的能力。帮助学生在足球活动中感知和建立一定的社会经验,并且在之后的生活学习中不断地进行选择与改造,最终成为自己价值取向的选择、定向和目标。这一过程不仅是对社会经验的再生产,也是对自己已有经验的补充,还是鼓励学生创新思维的有效途径。

(三)实现社会化发展

1. 提高教师的引导作用

就我国目前的国情来看,在教育系统内,对学生影响最大的因素仍然来自教师。尽管现代社会信息高度发达,随着互联网与多媒体技术的推陈出新,每个人获得信息的途径都非常便利而丰富。但是即便如此,仍然不能动摇教师对学生的引导作用。因此,在学生实现社会化发展的过程中,还是要加强教师的引导作用。要鼓励教师不断地进行知识和能力的自我更新,紧紧跟随时代的发展,只有这样,才有能力对学生的发展给予合理的、恰当的和及时的指导。作为学生进入社会前的引路人,教师应该充分意识到自身角色的作用与价值,悉心地指导学生完成社会化进程。需要教师无私地把自身体验和反思,转化为足球教学中的隐性知识,引导学生积极投入实践性活动,鼓励学生将内在机制与社会发展的需要相结合,将自己努力的方向与社会最新的发展趋势相贴近,从而使学生的社会化过程更为顺利。

2. 激发学生的主动意愿

传统的教育模式仍然沿袭着以教师的"教"为主、以学生的"学"为辅的教学方式。因此,学生的主动意愿没有被很好地激发出来,也没有机会进行很好的锻炼。而校园足球作为学校的体育教学活动,由于没有"应试"的压力,因此可以大胆地鼓励学生开启自主自愿的学习模式。通过鼓励学生萌发自主学习意识,进而可以引导他们对社会化过程进行主动的思考、实践、反思和进步。还可以激发学生对现有的体验与感悟进行分析和理解,不断提升调动自身潜能以摆脱困境、有策略地解决问题的能力,以及根据客观现实的需要,主动进行自我学习、自我钻研的能力,使自己的知识更具整体性,从而提高社会化的进程。

二、培养学生社会化的具体能力

(一)竞争

竞争是社会生存的基本能力。无论文明发展到哪种程度,人类社会必然要在竞争中不断进步。因此,学生社会化首先要具备的就是竞争能力。而校园足球教学对学生竞争意识的培养具有显著的效果。作为当今世界的第一大竞技运动,足球运动中无时无刻不在进行着竞争,竞争是足球活动的基本特性。在教学中,教师要有意识地培养学生的竞争意识,帮助他们发展出健康的竞争心理,通过设计特定的内容,内化学生的竞争意识。需要注意的是,在培养学生竞争意识的时候,教师有责任创造良性的竞争机制和竞争环境,只有在这样的条件下,学生逐渐养成的竞争意识和竞争能力才更有意义。

(二)合作

在足球教学中,竞争与合作是并存的。在竞争的同时,也需要培养学生的合作精神。竞争与合作是社会良性发展的基本前提,它们既是一对矛盾体,又是统一的整体。竞争与合作已经成为现代社会人们生存发展的重要品质。足球教学中不仅要重视发展学生的竞争能力,对于合作的引导与培养也必不可少。就足球教学来说,足球训练与比赛中的合作与竞争,是培养学生勇敢、顽强、信任等素质品质的重要途径。在未来社会,只有敢于竞争、善于合作的个体,才能让自身的价值得到最大程度的施展与发挥,这才是使学生真正适应时代发展和社会变化的能力。

(三)自信

通过足球教学活动,还可以很好地培养学生的自尊和自信。经常进行足球运动的学生,不仅具有较强的身体素质,而且往往也会增强他们的自信。无论哪种体育活动都有提高学生自信、自尊的作用。而作为竞争激烈的足球运动,学生在持之以恒地进行艰苦的训练,以及顽强地在赛场上奋力搏杀的过程中,已经逐渐建立起扎实的自信与自尊。从而让学生具有克服困难、迎接挑战的勇气,而这正是在未来社会生活中所需要的重要品质。

(四) 耐挫

众所周知,竞技体育既是精彩的,也是残酷的,即便是校园足球,在教学的过程中也充满了挑战与逆境。经历过体育足球训练的学生,往往可以培养出一定的承受挫折与压力的能力。比如,在比赛中不可能永远获胜,有胜利的一方就有失败的一方,谁也不可能永远保持第一。由于人性中具有厌恶损失的心理,因此失败的体验往往给人留下更深的印象。但是凡事都有积极的一面,比如经常进行足球训练的学生,由于经历过多次失败的洗礼,因此,他们往往具有更强的耐挫能力。而这是正式进入社会生活之前的重要一课,是学生社会化过程中必须学习和锻炼的能力。

(五) 应变

足球教学可培养学生良好的判断能力和应变能力。在足球的训练和比赛过程中,学生通过判断球速的快慢、角度的大小、队友以及对手的站位等信息,迅速做出决定并采取相应的对策以争取对本方最有利的情况。可以说,队员每一次技术和战术的选择,都是经过细致观察和周密推断后综合考虑的结果,这个过程可能非常快,也许就在一瞬间,而这也是一个高水平球员的标志。在校园足球的教学中,教师可以指导学生多做训练,以提高应变能力。并且,判断能力和应变能力对学生的学习和生活都非常有帮助,也是学生在社会化过程中重点培养的能力。

第三章 校园足球育人价值的实现路径

校园足球具有重要的育人价值,充分发挥校园足球丰富多元的教育价值,有助于落实素质教育,促进学生全面发展,培养优秀的足球后备人才。要实现校园足球的育人价值,达到开展校园足球活动的理想目标,就要大力宣传和推广校园足球,积极落实"足球进校园"活动,积极开展足球课堂教学与课外活动,建设优秀的校园足球队伍。本章主要对促进校园足球育人价值顺利实现的这些多元路径展开探索与研究。

第一节 宣传与推广校园足球

一、宣传与推广校园足球的意义

在校园足球宣传与推广过程中,要重点加强舆论宣传引导,使校园足球获得全社会的舆论支持,促进校园足球广泛发展。我国有专门负责校园足球宣传与推广的组织——全国青少年校园足球工作领导小组,该组织成立于2015年,由教育部牵头成立,其在校园足球的宣传与推广中逐渐构建了校园足球全媒体宣传体系,与宣传部门、新闻媒体实时沟通,对与青少年足球相关的典型事件、重要人物进行大力宣传,新闻媒体对校园足球开展的成就、问题进行均衡报道,使大众能够客观看待校园足球发展中取得的成果以及存在的不足。对于社会各界对校园足球发展所提出的建议,宣传部门也会积极回应。在各方面共同努力下,"校园足球全媒体宣传网"逐渐形成,对校园足球展开全方位、多角度的传播。

2019年,校园足球新媒体工作集中调研会在全国青少年校园足球

第三章　校园足球育人价值的实现路径

工作领导小组的组织下顺利召开,这次会议提出全国各地对校园足球新媒体工作平台加以建立的要求,为"全国校园足球新媒体宣传网"的形成打好基础,并对良好的校园足球舆论环境加以创建,通过良好的媒体宣传平台来使全社会正确认识并高度支持校园足球。

对校园足球全媒体宣传矩阵的构建有助于全国顺利开展校园足球工作,促进校园足球教学、训练、比赛等各项活动的顺利开展,也有助于实现学校体育教育目标。健康的舆论环境对促进校园足球的健康发展具有举足轻重的作用,大力宣传校园足球,构建与完善宣传体系,将会从理论和舆论上强力支持我国校园足球的发展。

推广校园足球活动,重点要对校园足球的价值进行推广,包括健康价值、素质教育价值、健全校园文化的价值、普及足球知识和传播足球文化的价值以及终身体育的价值等,通过推广这些多元价值,有助于使校园足球被更多的人认识、了解和熟悉,使校园足球获得学校领导、学校体育工作者、广大学生及其家长的认可,改变人们对校园足球的偏见,使人们充分认识并认可校园足球作为学校素质教育手段的重要意义和价值,从而为顺利开展校园足球活动打好基础、铺平道路。

二、校园足球的宣传策略

(一)多部门协同引导校园足球的正向舆论

在校园足球宣传中,要使宣传内容获得群众的广泛认可,就必须严格执行各项政策,在政策引导下开展宣传工作。我国教育部和国家体育总局是制定校园足球相关政策的两大组织,各地体育部门和教育部门要贯彻执行由国家体育总局和教育部制定的各项校园足球政策。

各地体育部门和教育部门要通力合作,协同配合,共同执行足球政策,但因为有些地方的体、教部门权责不明确,增加了合作的难度,导致一些政策执行不到位。要解决这个实际问题,就要进一步明晰各地教育部门和体育部门的权与责,对由体、教部门共同牵头的,其他部门密切配合的合作机制予以建立,促进多部门共同参与的高效联动的体制格局的形成,这对进一步落实校园足球政策,形成关于校园足球的正确舆论导向具有重要意义,从而能够使整个社会认同校园足球,提升校园足球相关工作者的信心,更好地推动我国校园足球健康发展。

（二）促进校园足球宣传内容和形式的多样性

在良好的社会舆论环境下以正确的舆论宣传来引导校园足球健康发展。要以内容为主。筛选宣传内容时，要先清楚面向什么群体进行宣传，尽可能以独特的视角去宣传具有鲜明特征和丰富价值的内容，从而对宣传对象产生很强的吸引力。考虑到不同宣传对象可能以不同的方式接收宣传内容，因此要采用多样化的形式进行宣传。宣传要具有重复性，从而使宣传对象对宣传内容有更深刻的印象和记忆。

对校园足球进行宣传，应将新旧传播媒体资源充分利用起来，具体宣传方式如下。

第一，利用校园宣传栏、校园广播站、校园报纸期刊、征文比赛等方式进行校园足球宣传，要面向全校师生来普及足球基本知识。

第二，利用广播电台、电视台等直观媒体进行立体式宣传，提升宣传的直观效果。

第三，利用互联网进行便捷式宣传，集声、像、图、文于一体的网络宣传渠道具有其他宣传渠道无法比拟的优势。

进行多种形式的校园足球宣传时，要激励校园人主动宣传本校足球特色，充分发挥校园人作为宣传主体的积极作用，同时提升校园人对本校特色校园足球的强烈认同感和积极参与意识，激发其他学校主动建设特色校园足球文化。

此外，在校园足球宣传中要注意对重要内容的及时宣传，也就是要突出宣传的时效性，及时而准确地传递信息，使宣传对象第一时间掌握关于校园足球的重要信息。

（三）建设网络新媒体平台，构建全媒体宣传矩阵

在校园足球舆论宣传中，宣传部门和相关组织单位要与全媒体做好沟通工作，宣传部门与宣传媒体共建校园足球宣传体系。关于校园足球的新闻、信息非常多，在宣传过程中要抓好典型，重点宣传典型人和事，对于校园足球工作中存在的不足也要如实报道，正面引导社会大众形成对校园足球的正确认识。

在不同时间用不同媒体对同一新闻进行发布，会产生不同的舆论效果。构建"校园足球新媒体宣传网"，积极宣传校园足球，形成健康的舆论导向，如通过微博进行校园足球宣传，建立校园足球公众号，发布精

选内容,在体育新闻类 App 上注册官方账号,第一时间对校园足球相关政策和新闻予以发布,也可以将校园足球相关视频发布到有影响力的视频网站上。不同宣传媒体相互呼应,使不同的社会群体都能根据自身的实际情况而选择不同的平台或途径来了解校园足球。

全国青少年校园足球工作领导小组应该带头加强校园足球新媒体中心的建设,并委派专业人员进行科学化运营,同时提供经费、制定政策,并加强其他方面的支持。各地高校作为培养专业人才或为专业人才提供实习场所的专门基地,可在有关部门的政策引导和支持下成立"校园足球新媒体人才工作站"。省级校园足球新媒体工作站建好后,地方可以参照此而进行工作站的建设,最终形成校园足球新媒体工作矩阵,呈现"一个中心,多点支撑,遍地开花"的特征和趋势。

(四)完善校园足球舆论宣传机制

1. 搜集、反馈机制

要使社会媒体、大众正确认识和全面了解校园足球,客观看待校园足球发展的成绩与不足,就必须对校园足球舆论宣传的搜集、反馈机制予以制定和完善,从而更加及时、公开、通畅地传递信息,确保信息准确、透明。在宣传校园足球新政策时,应该对能够反映该政策执行力度的数据、政策执行人员的反馈意见以及社会人群对该政策的反应态度等信息予以搜集,了解政策执行主体的意见和政策目标群体的反馈及需求,从而从这些重要信息着手而不断完善政策,提高政策执行的效果,更好地推动校园足球健康与可持续发展。

2. 监督机制

在校园足球的舆论宣传中,对监督价值的建立也非常重要。相对来说,传统媒体的宣传监督机制比新媒体传播的监督机制要更完善一些,因为传统媒体的传播过程相对更容易控制一些。但是在信息化时代,随着传播媒体的更新换代,传统媒体的影响力大不如前,而新媒体则随着互联网的发展而产生了广泛的影响力。

采用新媒体进行传播,传播内容和传统媒体的传播内容并没有不同,但传播方式有了很大的改变。随着新媒体技术的不断成熟,以互联网为载体的新媒体传播覆盖了极广的范围,产生了极大的影响力。然而,在新媒体传播中,一些媒体单位尤其是自媒体的功利性很强,传播群体的专业素质和道德素质良莠不齐,再加上监督机制的缺失,导致恶性传播事件时有发生,产生了极其恶劣的影响。对此,有关部门要加强对校园足球舆论宣传监督机制的建立,要将法律监督、政府监督以及社会监督有机统一起来,对集三类监督于一体的监督机制予以建立,从而有效维护校园足球宣传环境,在宣传中做好正面积极的引导,促进校园足球健康发展。

三、校园足球的推广建议

(一)体教结合,齐抓共管

推广校园足球需要体育部门和教育部门联合行动,即实行体育部门和教育部门相结合的推广模式,其中以教育部门为主导,体育部门发挥辅助作用,明确各自的职责,二者齐抓共管,共同推动校园足球,从宏观上把控校园足球的发展方向,确保全国青少年校园足球在科学的轨道上不断前进。

在体育和教育相结合的模式下推广校园足球,存在一些争议,最大的争议就是这两个部门在校园足球推广与管理中的先后问题,是"体教结合",还是"教体结合",这个先后问题也就是谁在校园足球发展中居于主导性管理地位的问题。我国校园足球发展的经费主要来源于国家体育总局,但不能因此就确立体育部门的主导地位。恰恰相反,在校园足球管理中居于主导地位的是教育部门,体育部门的地位是"从属者"和"辅导者",主要协助教育部门开展校园足球活动。在教育部门的主导下和体育部门的辅导下共同推动和开展校园足球,将取得良好的效果。

明确教育部门和体育部门在校园足球推广中各自的地位后,要进一步明确二者的职权和责任,也就是要明确分工,教育部门虽然在管理上占据主导地位,但在工作职责上并不是同样占据主导地位,近年来我们一直强调教育部门对校园足球的重要作用,要求教育部门积极参与校园足球的各项工作,这是校园足球发展的必然要求。与此同时,体育部门也有自己的特长,在校园足球发展中同样发挥着举足轻重的作用。

总之,教育部门和体育部门要各自发挥自己的优势与作用,协同推广校园足球。

第三章 校园足球育人价值的实现路径

(二)明确重点,循序推进

我国为推广与发展校园足球而出台了一系列政策,落实各项政策是一个循序渐进的过程,具体要以校园足球发展的现状、政策的紧迫性和重要性程度等为依据而有先后顺序、主次之分地执行相关政策,最终使各项策略真正落实,充分发挥政策的指导作用。例如,在校园足球联赛的推广中,我国制定了关于联赛层次从"一刀切"向"分档次"转变的策略,也提出了青少年校园足球联赛的注册与中国足协U系列注册相统一的策略,而结合校园足球的发展现状来看,前者的紧迫性高于后者,因此要率先将其落实。

此外,校园足球的推广与发展策略中,有些策略比较容易实施,短期内就能完成,而有些策略较为复杂,需要很长时间才能完成,对于这两类策略,要尽快实施前者,至于后者,要按重要性程度来逐步推进。

(三)与时俱进,整体协调

在校园足球的推广中,贯彻实施各项策略促进了校园足球的稳步发展,我们要立足长远,从整体观、动态发展观的视角来实施各项策略,不断与时俱进,合理调控校园足球在不同发展阶段应采取的不同策略。对于长期性的推广和发展策略,在不同阶段有不同的实施重点,具体要结合校园足球现状而认真落实,及时调整工作重点,解决当下问题,促进校园足球的持续稳定发展。

推广校园足球要树立与时俱进与整体协调的观念,与时俱进是要立足现在,着眼未来,要有长远眼光、确立可持续发展目标。尤其是在实行单一推广与发展策略时,要注意通过采取该策略而取得的推广效益的延续性,防止出现前后不一的情况,要与时俱进地调整策略,而不能凭主观意愿而随意变动、调整。

整体协调是要整体推进各项策略,促进不同策略的相互作用,避免相互矛盾和冲突。例如,我国在校园足球宣传与投资方面分别制定了"加强媒体合作,整合媒体资源"和"赞助为主,投资为辅"的策略,媒体合作和媒体资源的挖掘与整合需要投入一定的资金,这个策略看似与投资为辅的策略是矛盾的,但其实并不是,在具体实施策略时,要将投资的"度"把握好,尽可能以较少的投资获得更多的收益,即有机会与更多媒体合作,利用更多媒体的传播优势来推广校园足球活动。

第二节 落实"足球进校园"活动

一、"足球进校园"活动

国家体育总局和教育部联合倡导的"足球进校园"活动是以改善青少年体质,促进青少年健康,培养优秀的青少年足球后备力量为主要目标的重要活动,"足球进校园"活动不仅对青少年的成长与发展有重要的教育意义,而且对促进我国足球运动的发展也有重要影响。我国倡导"足球进校园"活动,提倡开展校园足球活动,使青少年学生参与足球教学、足球训练和足球比赛,同时加强校园足球文化建设,开展课余足球活动,使青少年有更多的机会和渠道认识足球,了解足球,参与足球和喜欢足球。

我国提出"足球进校园"活动,要求树立快乐足球理念,对青少年的足球兴趣进行培养,通过开展校园足球活动来增强学生体质,锻炼学生意志,培养学生道德素质,提升学生社交能力,促进学生全面发展。这是贯彻与落实素质教育理念的重要路径。"足球进校园"活动的开展可以促进我国非专业足球的发展,扩大足球人口规模,为竞技足球的振兴与发展奠定群众基础,巩固我国足球事业的根基。随着足球进校园活动的开展,一些足球特色学校成为其他学校争相学习和效仿的模范和榜样,全国纷纷推进这项活动,促进了足球运动在青少年群体中的普及,为培养优秀的足球后备人才奠定了良好的基础。

我国校园足球试点工程正在如火如荼地进行着,全国中小学足球特色学校也有数万所,已经组建了高水平足球队的高校也非常多,这是"足球进校园"活动所取得的重要成就。这些成就离不开我国教育主管部门和国家体育总局在政策上的引导,离不开地方政府部门和各级学校从行动上积极落实上级政策。我们在肯定"足球进校园"活动所取得的显著成就的同时,还要看到"足球进校园"活动中存在的问题和不足,如尚未形成全国普及的局面,足球后备人才依然不足,学校足球资源短缺,校园足球活动的开展存在地区差异,等等。要解决这些问题,我们还需要进一步推广与落实"足球进校园"活动。

二、落实"足球进校园"活动的策略

（一）做好宏观规划,促进持续开展

我国要从整体观、可持续发展观出发,从全国中小学开展校园足球的条件出发而对宏观层面的青少年足球发展规划加以制订,早日促进校园足球在全国各地各级学校的普及与开展,缩小校园足球发展的地区差异,先有序发展布局城市的青少年足球运动,使足球运动、足球文化真正进入布局城市的中小学校园。同时,为持续开展"足球进校园"活动,还应该对青少年足球的长期发展规划予以制订,通过不断落实政策、实施策略来有序推进"足球进校园"活动,实现长远发展目标。

（二）政府加大投资,做好市场开发

"足球进校园"活动是学校落实素质教育理念和加强体育教育改革的重要路径之一,对青少年全面发展、国家足球未来发展都有直接的影响。我国积极推进"足球进校园"活动,一方面是为了夯现素质教育目标,也就是培养全面发展的青少年,另一方面是为了夯实足球事业的基础,搞好足球事业。为了使足球运动进入更多的校园,使更多的青少年参与足球运动,国家体育总局每年划拨4000万元专项资金用于这项事业,这是一笔非常庞大的资金,但因为全国试点学校很多,所以分配到各个学校的资金相对来说较少,还不能完全支撑各个试点学校顺利开展校园足球活动。因此,国家还需加大对校园足球的投资,为避免投资的盲目性,可设置监察小组,对于开展得好的学校加大资金投入,对于消极比赛的学校,不能盲目给予财政扶植。

另外,校园足球管理办公室和各个试点学校可尝试进行市场开发,把更多的社会资金引入校园足球活动中,从而为校园足球的可持续发展奠定良好的基础。

（三）发挥布局城市、定点学校的作用

调动并发挥布局城市校足办、定点学校在足球进校园活动中的主导作用。各布局城市调动本市教练员、球员等方面的资源,在本市定点学校中广泛开展足球进校园活动,以达到全面开展、全面布局的效果。各定点学校充分调动本校教育教学资源,发挥体育教师的协调作用,促进广大学生广泛参与。同时,充分考虑定点学校的需要,发挥"足球进校园"活动推动定点学校落实阳光体育政策的积极作用,为定点学校的素质教育服务。

(四)采取多种形式,科学设计内容

采取多种形式组织足球进校园活动,不能只局限于各级国家队、"精英教练员"的层面。可以根据实际情况而考虑安排国内外知名足球人物、校园足球相关会议、重要足球赛事(全国青少年校园足球比赛、全国大学生足球比赛等)等足球活动进校园。

此外,针对引进"精英教练员"、编写足球教材、开展足球座谈交流会、实施足球教学示范、进行足球比赛指导等提出具体要求,充分发挥多种形式的作用,使具体活动内容更有趣,以更好地吸引青少年参与足球活动。

(五)加强媒体合作,创造良好效应

为进一步落实足球进校园活动,需整合各个媒体资源,使其服务于校园足球活动的宣传推广。校园足球活动的领导机构要加强与媒体合作,利用媒体的影响力推进宣传校园足球活动,加大网络媒体和刊物对足球进校园活动的推广。2011年起,我国中超足球联赛中每一场的平面广告都将校园足球作为一个品牌来推广,进场的球童来自各个布局学校,随着中超联赛影响力扩大,足球进校园活动的影响力也会随之提升。要将这个活动作为品牌来推广,还需要进一步细致包装,完善奖励机制。

第三节 开展足球课程教学

足球运动课程是推广校园足球的主要形式之一,校园足球课程是否完整、内容是否专业都关系到学生的足球学习体验。为此,学校开展足球课程教学,要积极探索全新的教学策略,不断尝试新的教学方法、教学内容,制订适合校园足球教学发展的可行方案。以学校足球课程教学

第三章　校园足球育人价值的实现路径

改革支撑校园足球的持续发展,发挥校园足球运动的育人价值,扩大校园足球的影响力,实现校园足球的育人目标。

一、开展足球课程教学应树立的科学教育理念

（一）科学教育理念

1. 创新教育理念

创新教育是创新型社会下的产物,以培养创新型人才为宗旨。创新教育理念的产生是教育发展的必然结果,是当代世界形势发展的必然要求。

现阶段,世界各国都非常重视创新教育,创新人才作为重要的人力资源将决定未来社会走向。创新教育理念要求全面培养学生的智慧品质、个性品质,培养学生主体的创造精神,并在教育的整个过程中落实培养工作,完成人才培养任务。

2. 终身教育理念

终身教育理念的观点是人的一生都要不断学习,只有不断学习,不断提高自己,充实自己,完善自己,才能不断满足社会发展的需求,适应社会的发展变化。终身学习是现代学习化社会的重要理念,对人才的发展、社会的建设起着重要作用。

随着社会的不断发展,知识快速更新,要求人们不断完善自己的知识库,学习新知识,这是终身教育理念产生的一个必要性。可以说终身教育理念是社会发展到一定阶段的产物和现象。终身教育理念的形成和社会发展有关,是多种社会因素共同作用的结果。社会发展和教育自身发展共同推动了终身教育理念的产生。

终身教育建立在"学会认知、学会做事、学会共同生活和学会生存"四个支柱上。实施终身教育需要"整体参与",而不是在某个单一教育环境下就能完成的。另外,还必须加强社会各部门之间的联系,从而顺利实施终身教育。终身教育理念在体育教学领域的运用促进了终身体育教育观念的产生,终身体育教育观念对体育教学产生了重要的影响。

3. 多元智能理论

传统智能理论认为智能是以语言能力和逻辑能力为核心,以整合的方式存在的一种能力。这是片面的观点,其实智能是多元的,智能的构成因素有很多,包括语言智能(言语)、节奏智能(音乐)、数理智能(逻辑)、空间智能(视觉)、动觉智能(身体)、自省智能(自知)、交流智能(交往)、自然智能、认识和适应世界的智能等。这些智能因素相对独立,发展规律各不相同,但又相互联系,相互作用。正常条件下,任何一种智能的发展都需要适当的外界刺激和个体自身的努力。

多元智能理论对教育的影响主要表现如下。

（1）教学观方面

多元智能理论提倡教学应遵循因材施教原则,考虑每位学生的智能特点,进行针对性、个性化教学,使每位学生都能发展、进步。

（2）学生观方面

多元智能理论强调学生要积极主动学习。每个人都有很多种智能,但每个人表现智能的组合方式有差异,而且智能的发挥程度不同。学生要善于发现和发挥自己的智能优势。而教育应该以学生为中心,在适应学生特点的基础上组织教学,促进学生智能的全面发展。

（3）评价观方面

通过评价可以直观反映教育效果。多元智能理论主张评价方式的多元性,对教育过程和结果进行全面多元的评价。

（二）现代科学教育理念对足球课程教学的启示

1. 培养学生的足球兴趣和终身体育意识

在足球教学中,要不断激发学生参与足球的兴趣,培养学生的终身体育意识。在现代教育理念指导下,足球教学应在传授知识与技能的基础上积极激励学生自主学习。学生通过自主学习而产生运动兴趣,从而更主动地参与校园足球活动,为其终身参与体育运动奠定良好的基础。

2. 关注学生的主体性

足球教师在教学中应以学生为中心,重视学生的主体地位。传统足球教学模式中,学生处于被动学习状态,老师单方面灌输知识,不重视学生的感受和体验,容易使学生产生厌倦感。新的教育理念要求在足球教学中关注学生的全面发展、情感体验,整个教学过程都要从促进学生全面发展的角度出发,突出学生的主体地位,激发学生的学习积极性。

3. 因材施教

在足球教学中关注学生个体差异,了解不同学生的需要,满足学生的不同要求,使足球教学符合学生的学习特点和学习规律。在校园足球教学中,要坚持因材施教原则,采取不同的教学方法来促进不同智力水平的学生的发展。

4. 构建和谐师生关系

建立和谐师生关系,加强师生合作与交流,这是现代教育理念下足球课程教学的基本要求。师生之间平等的交流、民主的沟通、密切的合作有助于提升足球课堂教学效率,真正体现学生的主体地位,发挥学生的主观能动性,提高学生的个人能力。

5. 加强创新教学

足球教学要与时俱进,不断创新,包括足球教学观念、教学理论、教学方法、技战术教学等多方面的创新,以创新而推动校园足球发展。

二、校园足球视角下开展足球课程教学的建议

足球课程教学是开展校园足球活动的一个重要形式,发展校园足球,要求改革足球课程教学现状,加强足球教学创新,完善足球课程体系和教学系统,提升足球教学水平和质量。在校园足球课程教学的实施与改革中,要树立科学而先进的教学理念,明确足球教学改革方向,优化足球教学过程,提升学生学习与掌握足球知识和技能的积极性,提升学生的学习效率,同时也要为足球教学的顺利开展而制定与完善科学保障机制,以充分实现足球教学改革的目标,展现足球教学的价值,以足球教学带动校园足球发展,最终实现校园足球的育人价值。

下面具体分析校园足球视角下足球课程教学开展与改革的建议。

（一）转变观念，重视校园足球发展

要开展足球课程教学活动，持续推进足球教学改革，首先要转变教学观念，树立科学而先进的教育观念，而且学校和教师都要转变观念，并保证观念的一致性。

1. 学校观念的转变

学校要对校园足球的育人价值有充分的认识，并了解开展足球教学和实现校园足球育人价值的关系，了解学校足球教学现状和问题，从校园足球的整体开展情况和学校足球教学现状出发而制定促进足球教学改革与发展的科学策略，制订关于足球教学的短期计划与长期计划，为足球教学的顺利实施提供各种资源保障，夯实足球课程教学的基础，促进足球教学目标的早日实现，进而使校园足球的价值得到充分发挥。总之，学校只有转变观念，树立正确办学理念，做好关于校园足球的顶层设计工作，有序推进足球教学的开展，才能更好地提高校园足球教学水平。

2. 教师观念的转变

虽然近些年我国一直强调体育教学的重要性，出台一系列政策来推动体育教学改革与发展，但体育教学的地位依然比不上其他文化学科，体育教师受重视程度不够高，体育课程压缩、课时被占用的现象依然大量存在，导致学生无法系统学习体育知识和技能，影响了学生体育运动习惯的养成和运动能力的提升。对此，学校体育教师要积极转变教学观念，在足球教学中推广校园足球运动，充分实现校园足球的核心价值与功能。

在校园足球推广中，足球课程是不可或缺的重要载体，其作用和重要性不容忽视。体育教师要高度重视学校足球课程教学，创建良好的足球课堂教学环境，树立快乐足球教学理念，使学生在良好的课堂氛围中主动学习和掌握足球知识与技能，在足球运动中获得良好的体验和感悟。作为足球课堂教学的组织者，足球教师合理组织与优化课堂教学有助于更加充分地实施足球教学内容，提升课堂教学效率。

第三章 校园足球育人价值的实现路径

（二）完善基础设施资源

在校园足球课程教学中，足球场地、器材、护具等基础设施是必不可少的教学资源，在足球教学改革中要加强足球教学基础设施的改革与完善，逐步改善校园足球硬件设施条件，创建良好的校园足球物质环境，不断丰富校园足球物质文化，为校园足球课程教学及其他足球活动的开展奠定良好的物质基础。

此外，要结合学校办学条件和学生实际情况而设计足球校本课程，这是校园足球课程教学改革的一个重要举措。建设足球校本课程的过程中，要充分挖掘与整合学校足球资源和教育资源，充分满足学生的实际需要，使学生通过学习校本课程内容而获得更丰富、更深刻的学习体验，提升对足球运动的学习兴趣和长期参与的积极性。

（三）优化足球课程教学流程

在校园足球视角下优化足球课程教学流程，要从课前教学、课中教学和课后评价三个阶段展开。

1. 课前教学

在传统足球课程教学模式中，为了防止学生在足球学练中受伤，足球教师往往会在正式上课前带领学生做一些基础热身活动，以关节活动为主要内容，但单一的关节活动比较枯燥，无法吸引学生，一些学生不愿意做热身练习或只是敷衍几下，无法做到充分热身，而且因为兴趣不高，所以影响了后面的学习。为了解决这一问题，在课前准备部分应多设计一些游戏类的热身活动，热身游戏要与课上要教的足球技战术结合起来，进行专门化的足球游戏热身活动，以吸引学生的注意力，调动学生的积极性，激发学生的参与热情，并为正式教学打好基础。

总之，以游戏热身来替代单一的关节热身，既能起到预防运动损伤的作用，又有利于初步培养学生的球感，还能营造有趣的课堂氛围，调动学生的学习兴趣。

2. 课中教学

传统足球课堂教学内容和教学方法存在一定的缺陷和不足，在校园足球视角下结合素质教育理念和要求来改革教学内容与方法是非常有必要的。

在足球教学内容改革中,应充分挖掘网络足球教学资源,设计微课教学方式,将新兴教学资源融入新的教学方式中传递给学生,使学生更好地理解足球教学内容,对足球教学新内容产生兴趣,养成自主学习和主动练习的好习惯。此外,也可以将新兴足球课程资源融入翻转课堂中,使学生通过学习而获得深刻的体验。

在足球教学方法改革中,要重点改革陈旧的、不合时宜的教学方法,改变教学方法单一、落后的现状,设计一些新的教学方法,如合作教学法、启发式教学法、比赛教学法、微课教学法等,充分调动学生学习的积极性,使学生运用新的学习方法而提升学习效率,加深学习体验,提高学生的足球知识素养和技能水平。

3. 课后评价

足球教学评价是足球教学中非常重要的组成部分,充分发挥教学评价的反馈功能、激励功能有助于促进足球教学的改革与发展。在校园足球课程教学评价改革中,要改变传统教学评价中只进行终结性评价的方式,将过程评价和结果评价结合起来,突出评价的动态性和持续性,通过评价从而对足球教学的过程与最终结果有更客观的认识与全面的了解。从评价结果中反省教学过程中存在的不足,以便有针对性地加以改善。

第四节　组织足球课外活动

校园足球课外活动是校园足球课堂教学的重要补充和有效延伸,其指的是在学校组织的、在课余时间进行的以普及足球运动、增强学生体质和丰富校园文化为目标的足球活动的总称。足球课外活动也是校园足球活动的重要形式之一,是展现校园足球文化的重要方式与载体,开展丰富多彩的足球课外活动有助于更好地发展校园足球。

第三章　校园足球育人价值的实现路径

一、校园足球课外活动的重要性

（一）足球课外活动是足球课堂教学的延伸

足球课外活动是校园足球的重要组成部分，是学校足球教育的主要形式之一，是足球课堂教学的拓展与延伸，可以弥补课堂教学的不足，延伸课堂教学的效果。学生利用课余时间参与形式多样、内容丰富的足球活动，在轻松活泼的氛围中对足球知识、足球技能予以学习、巩固，这有助于促进学生课余生活的丰富，能够对学生的良好道德品质和精神素养进行培养，促进学生个性的发挥与完善。足球社团活动、足球俱乐部活动、足球运动队训练、足球竞赛等课外足球活动为学生参与校园足球提供了诸多机会，各种活动方式密切联系，课内外足球活动互为补充，形成了良好的校园足球环境，对促进学生健康成长与全面发展具有重要意义。

（二）足球课外活动有重要的教育意义

开展足球课外活动，能够使学生在足球锻炼中提升体能素质，增强体质，提升运动能力，为养成终身体育锻炼习惯打好身体基础和技能基础。课外足球活动也能进一步丰富学生的足球理论知识，使学生掌握科学的足球运动理论，为学生参与足球实践提供科学的理论指导，并能够使学生学会根据自己的实际情况和需求而选择适合自己的足球活动方式，制订贴合自身实际的足球练习计划，提升足球习练效果。

学生参与课外足球活动，尤其是参与足球训练和竞赛活动，要遵守队伍纪律，遵守训练要求，遵守竞赛规则，这有助于对学生的规则意识和良好行为习惯进行培养。此外，学生在足球赛场上奋力拼搏，对团友团结协作，有助于培养学生的顽强意志、拼搏精神、团队协作能力、体育道德作风以及集体主义精神。而这些作用与效果有些是在足球课堂教学中无法实现的。所以说，足球课外活动能够使足球课堂教学的局限得到弥补，作为足球第二课堂而对学生的全面发展产生更加重要的作用。

此外，和足球课堂教学相比而言，足球课外活动的独立性较强一些，足球课外活动在实践中形成了属于自己的体系，活动内容开放，活动形式灵活，与学生的生活实际更加贴近，也能产生更加丰富与综合性的教育意义，对学生未来发展有积极促进作用。

(三) 足球课外活动是校园文化的重要组成部分

校园文化是学校教育的重要组成部分，是具有重要育人价值的校园文化氛围与精神环境，也是能够反映学校办学特色的文化潮流。校园文化是以全校所有师生员工为主体的文化。校园体育文化是校园文化的组成部分，而学校足球课外活动又是校园体育文化的重要形式。在校园文化建设中积极开展校园足球活动，开展课外足球活动，有助于促进校园文化的繁荣发展。足球是世界第一运动，其影响力遍布世界各地，在校园这个育人场所也拥有广泛的影响力，将课外足球活动贯穿于校园文化建设中，能够创造更加丰富的校园文化，使校园文化产生更强的吸引力，促进校园文化凝聚力的提升。学生作为校园文化主体之一，在参与课外足球活动的过程中表达情感，发挥个性，展示技能，建立友谊，愉悦身心，获得健康全面的发展，这样更有益于学生在校园文化建设中发挥自己的主体作用，展现自己的优势，营造和谐的校园文化氛围。

二、校园足球课外活动的组织形式

组织校园足球课外活动，主要可以采用以下几种形式。

(一) 个人活动

从学生兴趣爱好、运动能力出发而开展的以个体参与为主的活动形式就是个人活动。个人活动相对自由，能够满足不同学生的需求，但对校园足球基础设施的要求较高，在场地器材有限的学校开展个人足球活动会受到一定的限制。

(二) 小组活动

从学生的年龄、性别、兴趣爱好等情况出发而进行活动小组划分，展开以小组参与为主要形式的活动，这就是小组活动。不同的活动小组，其活动内容和方法是有区别的。

(三) 群体性活动

群体性活动是大批学生在课余时间共同参与的活动，如大课间足球活动等,在足球场地设施不足时,可采用这一活动形式,有助于促进校园足球的普及。

三、校园足球课外活动组织的科学保障

(一)物质保障

开展校园足球课外活动,需要提供最基本的物质保障,如加大资金投入,加强硬件和软件设施建设,营造良好的足球环境,促进足球活动条件的改善。此外,要加强对足球师资队伍的培训,培养一批优秀的足球教师和足球教练员,提升校园足球课外活动的开展水平。

(二)制度保障

为校园足球课外活动的组织开展提供制度保障,主要就是加强顶层设计,制定足球活动组织管理制度,要突出制度的规范化、约束性和人性化。具体来说,制度保障包括以下内容。

(1)学校组织管理体系。
(2)人性化、常态化的足球活动评价体系。
(3)科学有效的足球竞赛管理体系。
(4)常态化的师资进修培训制度。

制定上述组织管理制度与体系时,要确保科学化、规范化,从而为高效有序地开展校园足球课外活动提供坚强后盾。

(三)信息保障

在信息时代,随着网络技术在校园文化中的渗透,校园足球文化呈现出时代性特征。在"互联网+"的时代背景下组织校园足球课外活动,要提供重要的信息保障。

第一,开发足球网络课程,创造新的课外足球活动模式,促进足球课堂教学的拓展与延伸。

第二,建设微博、微信、论坛等新媒体技术平台,促进校园足球文化的对外传播与交流,使校园足球的辐射面不断拓展,影响力不断增强。

第五节 建设校园足球队

对优秀足球后备人才进行培养是开展校园足球活动的一个重要目的,校园足球队是培养后备人才的重要形式,而且能够引领校园足球的发展。科学组建校园足球代表队对促进校园足球的发展,发挥校园足球的育人价值以及实现人才培养目标具有重要意义。

一、校园足球队的组建与队员的选拔

组建校园足球队前要做好充足的论证和准备,结合学生实际,综合考虑场地器材、时间、师资等因素,了解学校相关政策后进行组建工作,尽量征得校方和家长的支持,并充分了解学生的身体健康情况、足球运动基础,为今后开展训练、竞赛打好基础。

正规的校园足球队应该由专门的组织机构来指导和管理球队工作。完整的领导机构应该包括主教练、领队、助理教练、情报人员和医务人员等,此外,球队队长、核心成员等也是组织机构的一部分。一般学校高水平足球队会成立这样正规的管理机构。

学校一般采取公开招募、班主任推荐、主动发现等渠道选拔足球队员。选拔也是选材的过程,尽可能选拔热爱足球、有足球天赋的可造之才加入校队。要在全面考察、综合衡量的基础上进行选拔,选拔时可以设置一些和体能、技能等相关的考核项目,公开考核,择优录用。

二、校园足球队训练与竞赛的开展

(一)校园足球训练

校园足球队最主要的工作就是足球训练,教练员应在全面了解队员实际情况的基础上制订足球训练计划,开展日常训练工作,从而逐渐提升球员的技能水平。

校园足球队的训练应该包含体能训练、技战术训练、心智能训练,要注意训练的全面性。在这些方面的训练中,要以身体训练为基础,抓住身体训练的外部特征和内部特征来进行科学训练,只有提升基础体能水平,打好体能基础,才能为之后的技能训练提供便利。

校园足球队训练中,要端正训练思想,明确训练目的。以小学阶段足球队训练为例,要以培养兴趣为主,主要进行足球身体训练和基本技能训练,为将来提高足球水平打好基础,不要追求早出成绩,快出成绩,在训练中要避免揠苗助长。教练员应抓住小学生身体发育的敏感期,进行以发展灵敏性、协调性和速度为主的身体素质练习,根据小学生模仿能力强的特点,采用直观训练方法进行基本功训练。训练内容和方法要有趣味性,避免枯燥的反复重复练习。

足球训练计划是由若干足球训练课组成的,因此要明确每次训练课的训练目标、训练任务、训练内容和训练负荷,对训练课的安排要遵循由简到繁、由易到难的原则,循序渐进增加训练难度,逐步实现短期训练目标和长期训练目标。在足球训练课的组织中,要合理划分训练结构,先在基本部分做好热身练习,然后重点进行基本部分的体能、技能训练,最后在结束部分做整理放松活动,以消除疲劳,促进恢复。

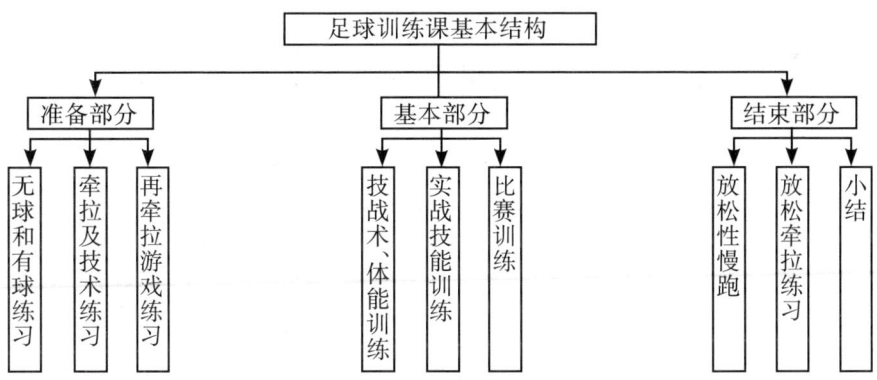

图3-1 足球训练课基本结构[1]

---

[1] 刘丹,赵刚.青少年足球训练纲要与教法指导[M].北京:人民体育出版社,2011:132.

（二）校园足球竞赛

校足球队一般代表学校参加本地区教育部门组织的相关足球竞赛活动,为学校争得荣誉的同时,提升学生的足球技能、比赛能力及团队精神。参加足球竞赛首先要明确比赛的意义,清楚学生参赛是促进学生全面发展的一个过程,不能简单理解为争夺荣誉。通过比赛要提高学生的足球技战术水平,培养学生的集体精神和正确胜负观,使学生树立良好的赛风和球风,激励学生不断提高和完善自己。

校园足球竞赛的开展离不开教育部门和体育部门的领导与管理,此外还需要其他相关部门单位参与管理,要构建一个自上而下、多部门协同参与的校园足球竞赛组织管理结构体系,从而为校园足球竞赛体系的运作及竞赛活动的顺利开展提供保障。

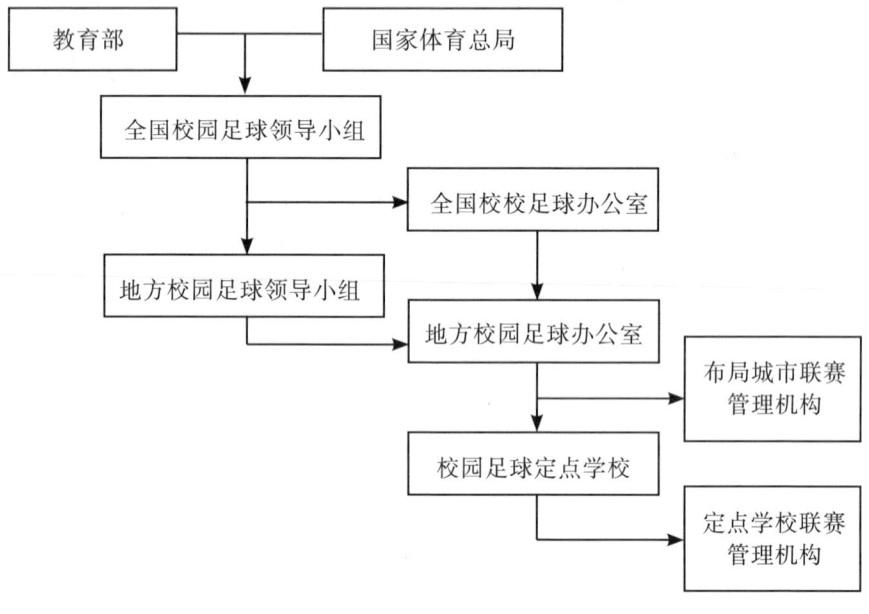

图 3-2　校园足球竞赛组织管理结构[①]

三、校园足球队的日常管理

校园足球队的管理是对学生进行教育的过程,要重点做好以下工作。

---

① 汤信明.现代足球教学与训练[M].武汉：华中科技大学出版社,2012：158.

第三章　校园足球育人价值的实现路径

（一）制定日常管理制度

规章制度是对全体队员的约束,也是培养学生规则意识的关键。制定校园足球队日常管理制度,有利于形成良好的团队秩序,提升团队战斗力。足球队管理制度要细致、明确,以利于共同遵守。

（二）选好队长及球队骨干

队长及球队骨干能够帮助教练员进行队伍管理,也能够团结全队形成良好的队伍风气,因此要选有责任心、组织能力强的学生为队长或球队骨干,发挥其重要作用,培养其管理能力和责任心。

（三）加强思想教育,学训并重

在日常管理中,也要加强对球员的思想教育,让球员清楚其第一角色是学生,要按学校规定完成文化课程,提高自己的文化修养,并将自己的学习所得运用到训练和比赛中。

第四章　校园足球教学的基础理论

校园足球是足球运动发展的重要基础,世界足球强国都非常重视校园足球的建设与发展。因此,我国也应在吸取足球强国先进经验的基础上,进一步加强我国校园足球的发展。本章重点阐述校园足球教学的基础理论,以帮助师生更加深刻地认识校园足球的内涵,积极投入到校园足球的教学与建设中,主要涉及体育学基础、教育学基础、足球教学原则、足球教学设计理论等多方面的内容。

第一节　校园足球教学的体育学基础

一、运动生理学基础

运动生理学是一门关于运动学与生理学的交叉学科,其在体育运动中具有非常重要的意义,了解运动生理学的基本理论对于学生参加足球运动锻炼具有非常重要的帮助。

(一)人体与肌肉运动

1.肌肉的结构

在体育运动中,肌肉可谓扮演着十分重要的角色。人体在运动的过程中,都离不开对肌肉的调节。肌肉通过收缩与舒张两种形式实现肌肉的活动,在肌肉进行收缩、舒张的过程中,其张力和长度发生了明显的变化,与之相连的骨杠杆随之发生位移,帮助人体完成各种身体姿势,如在足球比赛中的凌空射门、倒钩射门等都需要强大的肌肉力量。

第四章 校园足球教学的基础理论

人体运动系统是非常庞大的,它主要由各部位关节、200多块骨骼、600多块肌肉等构成。肌细胞(又称肌纤维)是组成人体肌肉的基本结构和功能单位,呈细长的圆柱状,肌细胞内部有细胞质和多个细胞核。包裹在肌细胞外部的一层薄膜叫作肌膜,肌膜内呈圆柱状的、上面带有横纹的物质叫作肌原纤维。肌原纤维由两种蛋白质微丝(又称肌丝)排列而成,粗肌丝由肌球蛋白构成,细肌丝则是由肌动蛋白、肌钙蛋白、原肌球蛋白构成。粗、细两种肌丝的相对滑动使得肌肉的舒张与收缩成为可能。

在人体肌肉构成要素中,许多肌纤维排列在一起,形成肌束,在肌束的表面包裹着一层肌束膜,许多肌束聚集在一起,最终形成了一块肌肉。生理专家通过分析肌肉的化学组成成分发现,肌肉中75%是水,25%是包括蛋白质、各种酶在内的固体物质,肌肉中富含大量的毛细血管网,为肌肉活动输送氧气和养料,并且肌肉中富含神经纤维,使得肌肉的活动情况受神经系统的控制。在足球运动中,正是由于这些要素的参与,运动员才能灵活自如地做出各种踢球动作。

2.肌肉的种类

一般来说,人体内部肌肉主要包括骨骼肌、平滑肌、心肌三种。其中,骨骼肌数量最多,体重占比最大,任何躯体运动都需要依靠骨骼肌的活动来实现。大量的事实表明,平滑肌、心肌与内脏器官的活动之间有着极为密切的关系。

3.肌肉的收缩形式

依据肌肉收缩的长度差异、张力变化、收缩形式等,可以将其分为以下几种不同的类型。

(1)向心收缩。这一收缩方式是非常常见的,如在平时的运动中,起跳、屈肘等动作的实现都需要依靠肌肉的向心收缩。向心收缩指肌肉在进行收缩的过程中,产生了大于外加阻力的张力,从而造成了肌肉缩短,与之相连的骨杠杆做相向运动的一种收缩形式。在这种肌肉收缩形式下,肌肉起止点之间的距离缩短了。

(2)拉长收缩。当肌肉的收缩力小于外力时,肌肉被拉长,肌肉起止点之间的距离逐渐扩大,这种肌肉收缩的形式被称为拉长收缩。肌肉在进行拉长收缩时,收缩力的方向与肢体的移动方向相反,因此,起着制动、减速的作用。

（3）超等长收缩。超等长收缩指肌肉先进行拉长收缩,使肌肉被拉长,随后再进行向心收缩,使得向心收缩产生了更大的输出功率。在实际的运动训练中,利用这种方法能够使肌肉得到有效的锻炼。

（4）等长收缩。当肌肉的收缩力等于或小于外力时,肌肉在收缩,但是肌肉起止点之间的距离不变,这种肌肉收缩的形式被称为等长收缩。肌肉在此种收缩形式下,虽然没有做外功,但是依然消耗了能量。

（二）人体与物质代谢

1. 糖类代谢

（1）糖类的作用和在人体内的存在形式

糖是构成人体组织、细胞的重要组成成分,是人体的主要能量来源,在某些条件下,糖还可转化为脂肪和蛋白质。人体日常消耗的能量70%来自于糖类。

在人体中,糖原、葡萄糖这些糖类元素最为常见,在人体物质代谢中扮演着十分重要的角色。糖通过食物进入人体被充分吸收后,一部分以血糖的形式存在,作为糖类的运输形式,另一部分则进入到肝脏、肌肉中,以肝糖原、肌糖原的形式存在,作为糖类的贮存形式。血糖、肝糖原、肌糖原在体液的调节下,维持着动态平衡。[1]

（2）糖类在体内的代谢

一般来说,糖的代谢途径主要有以下两种。一种是糖酵解。此种代谢方式不需要耗氧,糖在体内的组织细胞中分解为乳酸,并释放出能量。通过糖酵解这种途径释放的能量较少,但是速度较快。另一种是有氧氧化。此种代谢方式是机体供能的主要形式,葡萄糖在有氧条件下进行彻底分解,最终生成二氧化碳和水。

2. 脂肪代谢

脂肪不仅是人体内的能量供给者,还是组成细胞的重要成分。脂肪在一定条件下能够氧化成为二氧化碳和水,并在此过程中释放出大量的能量。在足球比赛中,时间长达90分钟,有时甚至会耗时120分钟以上,

---

[1] 杨建昌.运动生理学[M].西安:西安地图出版社,2003:32.

在这种长时间运动条件下,脂肪氧化供能的比例会逐渐加大。

3. 蛋白质代谢

蛋白质是人体非常重要的营养素,它不仅能够帮助有机体建造、修补再生组织,而且与有机体内部生理机能、代谢过程密切相关。与糖和脂肪不同,蛋白质不能在体内贮存,所以人们需要每天从食物中摄入蛋白质,以维持基本的生理需要。

蛋白质的代谢过程对于人体生命活动而言至关重要。由于蛋白质中的主要成分是氨基酸,所以蛋白质的代谢过程以氨基酸代谢为基础。许多激素参与到蛋白质的代谢过程中,如肾上腺素、甲状腺素、生长激素等。在蛋白质代谢过程中,生长激素含量的增加有助于蛋白质的合成,加快了蛋白质合成的速度,使肌肉变得更加的健壮。

二、运动心理学基础

(一)运动中的感觉与知觉

1. 感觉、知觉的概念

感觉指人脑对作用于感觉器官的客观事物个别属性的反映。知觉需要多种感觉分析器的联合活动,指人脑对作用于感觉器官的客观事物的整体反映。

感觉和知觉在一定程度上都能够较为准确地反映客观事物,是人体一切心理现象的基础。但两者之间存在一定的差别。其差别主要分为两个方面,一方面二者对客观事物发生反应的具体水平不同。另一方面感觉是知觉的基础,知觉是感觉的进一步深化。二者都有自身的重要意义。

2. 感觉、知觉的种类

通常情况下,我们可以把感觉分为外部感觉和内部感觉两种。

(1)外部感觉。接受丰富的外部刺激,反映外部事物的属性,包括视觉、嗅觉等等。

(2)内部感觉。接受内部刺激,反映身体内部内脏器官的状态或身体位置的运动,通常包括平衡觉、动觉、内脏感觉。

知觉则通常被分为一般知觉、复杂知觉、错觉。

（1）一般知觉。某种感觉反应器官起主导作用的知觉，通常包括视知觉、嗅知觉等。

（2）复杂知觉。根据知觉对象的不同分为运动知觉、空间知觉等。

（3）错觉。人在特定条件下产生的对客观事物的扭曲知觉，将实际事物扭曲为完全不同、不相符的事物。

3. 感觉与体育运动

感觉在人体运动中扮演着十分重要的角色。例如，在足球教学中，学生通过体育教师在课堂上对技术动作的讲解与示范，通过自身的不断练习，逐步掌握运动知识，习得运动技能。学生在做各种足球动作时，需要依靠感觉器官提供的各种感觉信息不断深化对动作的认识，其中，足球运动中的动觉要比感觉和知觉更为重要。一般情况下，人体对动觉的感受较为模糊，伴随着运动训练的持续进行，这一种感受越来越深刻和清晰。

4. 知觉与体育运动

（1）运动知觉与体育运动。人体在开展体育运动的过程中，必须依靠运动知觉（包括客体运动知觉、主体运动知觉）产生对外界事物、自身运动的反应。只有将客体运动知觉和主体运动知觉结合起来，才能帮助运动员在运动中快速感知外界的运动变化，控制自身动作。

（2）空间知觉与体育运动。学生或运动员的空间知觉能力对于掌握运动技能十分重要。正确的空间知觉反映了物体的空间特征，涉及物体的方位、距离等多种信息。在足球运动中，运动员的空间知觉主要体现在对高空球的争夺上。

（3）时间知觉与体育运动。时间知觉与身体运动的协调性、韵律节奏有关，反映了个体对客观事物变化的延续性、顺序性认识，是开展体育运动必不可少的因素。

(二)运动中的表象与想象

1. 表象、想象的概念

表象指人体在头脑中反映之前感知过的事物形象。例如,在头脑中浮现出著名影星的形象。

想象指人体在头脑中创造新形象的过程,此过程受头脑中已经存在的表象的影响,需要个体充分发挥创造力,将各种信息按照全新的方式加以组合。运动员需要在运动训练、运动比赛的过程中发挥想象,例如,在足球比赛中想象队形、阵型的变化等。作为一种独特的思维形式,想象通常在问题情境中产生,是对现实情况的超前反映。

表象与想象之间关系密切,表象是想象的基础、素材;想象是对表象素材的加工与改造。可以说没有表象,想象就无从谈起。如果体操运动员在头脑中没有空翻动作的表象,就不会在自己的成套动作中编排难度较大的空翻动作。

2. 表象、想象与体育运动

表象、想象在运动训练、体育教学中必不可少,起着非常重要的作用。

(1)运动员要想形成运动动作、掌握运动技能离不开运动表象与再造想象。教练员通过利用运动表象、讲解动作概念将运动知识传授给学生,学生通过教练员的讲解与示范、观看比赛录像等,初步形成较为清晰的运动表象,再对相关技术动作进行模仿,随后通过再造想象,不断巩固与加强技术动作,使之达到熟练化、自动化的程度。由此看来,运动员头脑中的表象储备越多,再造想象能力越强,运动动作就越容易掌握。

(2)表象训练、想象训练可以帮助运动员巩固与改善技术动作。在足球射门训练中,运动员可以先进行想象练习,然后再进行实践操作,这就是表象训练法的应用。运动表象的复演与想象过程的效用有其科学理论基础。一些心理学专家专门做过以下实验:要求运动员作赛跑想象,研究人员发现在想象过程中,运动员的腿部、手臂肌肉电流明显增强,且与实际的运动效果相似。由此可见,表象训练、想象训练确实在运动训练中有显著效用。

(3)在参加运动训练或比赛前,想象训练能够有效降低运动员的焦虑水平,缓解运动员的情绪波动,帮助运动员达到最佳状态。

(三)运动中的思维

1. 思维的概念

与感觉、知觉直接反映客观事物不同,思维是对客观事物的间接反映,需要利用某种媒介物,通过大脑对客观事物进行充分的加工。在体育运动领域中,人们常常利用思维做出各种决策判断。例如,在足球比赛开始前,人们通常会分析两队队员之间的实力差异,预测比赛结果。这就是利用思维做出的判断。许多活动都可以看作是思维的产物,思维作为一种理性活动、理性认识,在感知觉的基础上产生,从事物的表面现象中发现普遍的规律,认识事物的本质。

2. 思维的种类

按照不同的分类方式,思维可以分成多个种类。

(1)根据个体发展的水平进行分类,思维主要分为动作思维、形象思维、抽象思维。

①动作思维。依靠实际动作的思维,运动员运用动作思维完成技术动作。

②形象思维。依靠表象进行的思维,是思维的初级形式,儿童主要采取此种思维方式。

③抽象思维。常常表现为概念、判断、推理等形式,是思维的高级形式,旨在认识事物发展的客观规律,探究各事物的本质特征与内在联系。

(2)根据思维的方向性进行分类,思维可以分为聚合思维、发散思维。

①聚合思维。聚合思维强调求同,指收集与问题有关的各种信息,确定好最终目标,朝着单一的思维方向寻找问题的答案。

②发散思维。发散思维强调求异、创新。人们通常在目标的指引下,从不同角度、不同维度,采用多种思维方式探究问题的答案,具有流畅性、变通性和独特性。

(3)从体育运动实践需要的角度出发,思维主要分为运动操作思维、战术思维。

①运动操作思维。这种思维方式常在动作或操作技术中进行,运动员不仅需要考虑自身的肢体动作,而且需要考虑器械的运动,实现二者

的充分结合。

②战术思维。在体育运动项目中,战术思维是指运动员在完成战术任务的过程中进行的思维活动。不同运动员之间的战术思维能力存在差异,主要体现在灵活性、预见性、创造性上。战术思维能力的高低在一定程度上反映了运动员的个人能力。因此在平时的训练中一定要注意这一能力的培养。

3. 思维与体育运动

(1)良好的思维有助于运动技术的形成。运动员掌握运动概念、动作要领必须依赖思维。了解动作之间的内部联系、客观规律必须通过思维才能实现。

(2)良好的思维有助于提高训练质量。高质量的训练不仅需要运动员刻苦努力,而且需要运动员掌握方法与技巧,达到事半功倍的效果。因此,在训练过程中要避免简单的重复,在完成训练任务后注重总结与回顾,要求运动员及时评价自己的技术动作,评定训练效果。

(3)良好的思维有助于实现战术运用、战术创造。战术指双方队员根据赛场上的情况,为了实现遏制对方进攻、取得比赛胜利的目的,所采取的一系列有效计划与策略。战术的最终胜利不仅与运动技术有关,关键在于运动员具有较强的战术思维能力。战术思维包括多方面的内容,例如,预测比赛进程、了解对手意图、选择具体的战术手段等。作为一名专业的足球运动员需要在平时注意培养自己的战术思维能力,普通的足球爱好者也要充分理解战术思维的作用。

(四)运动中的情绪

情绪指的是人体一系列的主观认知经验,通常具有一定的外部表现,反映了个体愿望与个体需要。

美国著名心理学家伊扎德将情绪划分为情绪体验、生理唤醒、行为表现三个层面,三个层面共同构成了一个较为完整的情绪过程。下面具体阐述这三个层面的情绪表现。

1. 情绪体验

情绪体验作为一种主观感受,是情绪的核心成分。通常情况下,一个人的情绪体验是处在不断变化之中的,受周围环境因素的影响非常大。在性质方面,情绪包括简单的情绪体验和复杂的情绪体验两种。在强度方面,性质不同的各种情绪在不同的时间范围内表现出不同的强度。随着情绪强度的逐步增加,个人也更加容易卷入到情绪之中,无法自拔。与此同时,当一件事物对人越发重要,情绪体验就越发强烈。

2. 生理唤醒

生理唤醒指人在情绪状态中体验到的外周生理器官和组织的一系列变化。其变化过程由自主神经系统来调控。在情绪的刺激下,自主神经系统激活了有机体各器官、组织的活动,使有机体产生了一系列的生理反应。自主神经系统由交感和副交感神经系统构成,二者相互作用,共同调控着内脏器官、外部腺体和内分泌腺的活动。

3. 行为表现

行为表现指反映个体情绪的外部行为,通常体现为面部表情。表情是情绪的语言,人们常常用微笑表现愉快的心情,用哭表现伤心的心情。然而,每个人会有个人较为独特、稳定的情绪动作模式,此模式是人们之间相互理解对方情绪的重要方式。在足球教学中,足球爱好者和非爱好者的行为表现都是不同的。

(五)运动动机

人的行为离不开动机的驱动。运动员在体育比赛、日常训练的具体表现均受动机的支配。强烈的运动动机促使人们长期参加运动活动,保持训练强度,在训练中更加努力,更加集中注意力,获得更好的训练效果。

1. 动机的含义

动机是激发或维持一个人朝向某一特定目标不断前进的内部动力,常与个体需要、个体愿望相关。一般情况下,动机具有以下三大作用。

(1)启动作用,帮助个体发动具体活动。

(2)指向或选择作用,帮助个体行为向某一具体目标前进。

(3)强化作用,帮助个体维持、增加、减弱投入到某一活动的力量。

2. 动机的分类

（1）根据动机来源的不同，可以将动机分为外部动机和内部动机。外部动机以满足自身社会性需要为基础，通过完成某项活动获得外部奖励，避免遭受惩罚，个体行为由外部力量驱动。内部动机以满足个体的生物性需要为基础，通过完成某项活动充分展示自身能力，个体行为由内部力量驱动。通常情况下，运动员参加体育运动同时受到内部动机、外部动机的影响。但有时不当的外部奖励反而会削弱个体的内在动机，对运动员的运动训练带来不好的影响。

（2）根据兴趣的特点，可以将动机分为直接动机和间接动机两种。直接动机指个体对于自己所从事的活动项目本身感兴趣，从而引发个体的行为。间接动机则是指个体对于活动造成的结果感兴趣，从而引发个体的行为。

（3）根据需要的对象，可以将动机分为生物性动机和社会性动机。生物性动机以生物性需要（如因饥饿而产生的动机）为基础；社会性动机以社会性需要（如成就动机等）为基础。不同的动机会产生不同的效果。

3. 运动动机理论

（1）成就动机理论

大量的实践与事实表明，在学习的早期阶段，成就需要与动作表现之间存在相关关系。与低成就需要的被试相比，高成就需要的被试在早期的练习和比赛中表现得更好，在相对容易的训练、学习阶段，高成就需要水平促进个体行为。然而，随着训练、学习的进一步深入，成就需要的差异变得不明显，刚开始具有高成就需要的被试的动机下降了，而刚开始具有低成就需要的被试因为在练习中取得了一些进步，成就需要得到了提升。

在具体的比赛中，成就动机这一理论也是适用的。大量的事实表明，在竞赛条件下，高成就需要的被试表现得更好。由此可见，竞赛可以促进高成就需要被试的动作表现。

（2）自我效能理论

自我效能理论的核心是个体对自己能力的知觉。自我效能的高低影响个体对活动的选择、个体的努力程度、面对困难时的态度和坚持。

个体可以通过三种途径提升自我效能水平，即直接经验、代替经验和言语说服。自我效能使得个体回避超过自己能力水平的活动，选择认为自己有能力承担且能够胜任的任务。自我效能在很大程度上能够预测个体面对某一具体活动的动机和行为。

以上这两种理论是运动动机理论的主要内容，无论是作为专业的足球运动员还是普通爱好者都需要学习和了解。

（六）体育运动训练中的心理疲劳

1. 运动员心理疲劳的表现

运动员的心理疲劳主要表现为一系列负面情绪，下面主要对运动员三种心理疲劳的负面情绪进行分析。

（1）动机疲劳

伴随着竞技体育运动的不断发展，运动训练的要求和难度也越来越高，负荷越来越大，运动员在日常训练或比赛中都面临着非常大的压力，这种情况下如果运动员不能准确定位自己，那么很容易就会出现动机疲劳。动机疲劳的具体表现为对训练、比赛的热情减弱，难以激发运动训练的积极性。

（2）注意力疲劳

注意力疲劳从运动员的情绪上主要表现为烦躁、易怒。训练环境比较封闭，训练内容较为单一，运动员每天都要重复大量的训练动作，休闲时间也基本是在封闭的训练环境中活动。运动员长期在这样的环境中训练，有时可能会产生逃避的想法，甚至会有抵触训练的情绪，在这样的心理状态下进行运动训练是很难取得理想的训练效果的。

（3）恐惧疲劳

对于一些心理素质较差的运动员而言，在长期的运动训练中易产生恐惧疲劳，将训练看作是压力和累赘，在训练中痛苦不堪，这种疲劳常常出现在训练初期和赛前大强度训练阶段，在这样的情况下参加训练难免会出现偷懒的情况。

2. 运动员心理疲劳的缓解

（1）教练员与运动员友好沟通

在足球训练中，教练员应与运动员多沟通、多交流，建立一个良好的沟通平台,彼此之间保持和谐的关系。教练员和运动员具有人格上的平等性,只有保证了这一点,才能保证双方信息交流的真实性。在平时的训练中,教练员要充分了解运动员的心理疲劳及负面心理,并对其进行积极的干预,帮助运动员摆脱负面情绪,走出心理困境。

(2)实行奖励机制

在足球训练中,实行奖励机制也是一种非常有效的手段。它对于缓解足球运动员的心理疲劳,提升其训练的积极性具有重要帮助。奖励的依据不仅包括训练效果、训练目标完成情况、体能和技术测评结果等,还包括运动员的训练态度、配合情况等。

三、运动训练学基础

(一)运动训练理论体系

伴随着运动训练的不断发展,逐渐形成了完善的运动训练理论体系,我们可以从横向、纵向两个维度深刻理解与剖析运动训练学理论体系架构。

(1)在横向维度上,运动训练学理论体系包括五个方面的内容,即训练内容、训练负荷等。

(2)在纵向维度上,运动训练学理论体系被划分为三个基本层次,即一般训练学层次、项群训练学层次、专项训练学层次。项群训练学在运动训练中占据着非常重要的地位。

运动成绩不仅与运动训练有关,还受到多种因素的影响,例如,心理因素、环境因素等。运动训练学理论也引入了多种学科的知识,例如,人体运动科学知识、人文社会科学知识等,使自己的理论更加完善,充分体现出运动训练学的综合性、应用性特征。

(二)运动训练原理

1. 叠加代偿原理

体能与技能是运动员必须具备的两种素质。通常来说,技能动作要比体能动作更为复杂。但是运动员的体能、技术、战术之间是密切联系的,体能是技能的基础,技术又是战术的基础,技能动作的运用是建立在良好体能基础上的,战术配合又是以技术为基础的。如果运动员缺乏良好的体能素质或体能基础较弱,那么很难开展有效的技能训练活动。所以,进行技能训练之前必须做好体能训练活动,并在技能训练的整个过程中不断穿插体能训练,这才符合运动训练的基本规律。

足球运动员只有在具备了一定体能基础的前提下才能参加足球技能训练,这是运动训练中叠加效应的体现,在足球技能训练中,运动员储备体能又具有代偿意义,意思是运动员技能水平较低,体能水平高,后者可以短暂性地弥补前者的不足,这就是足球运动训练的叠加代偿原理。

足球运动员的体能训练不是孤立的,要结合足球专项以及与足球技术联系起来才具有实际意义。足球运动员在技术训练中有时会因为体能不够而影响技术质量,这种情况下就要进一步增强体能,为高质量完成技能动作而打好基础。总的来说,足球运动员的体能训练和技能训练相互联系,相辅相成,二者之间应该达到一种动态的协调状态,结合足球专项要求而进行体能训练,通过体能训练提升足球专项技能,从而取得理想的比赛成绩。

2. 体能易衰原理

足球是一项注重技战术对抗的运动,技战术对于运动员而言都具有一定的激励性和趣味性,激烈而有趣的训练能够满足运动员的直接兴趣,虽然不同运动员因为个人情况及其他相关因素的影响而训练力度不同,但运动员对技能训练的兴趣总是比对体能训练的兴趣要强烈。相对来说,足球体能训练显得单调枯燥一些,体能训练因本身不够有趣而对运动员没有很强的吸引力,运动员参与体能训练的积极性差一些。体能训练不仅不像技能训练那样丰富和有趣,而且体能训练的成果不能持久维持,也就是说体能容易衰退和减弱,而技能形成后衰退速度慢一些。因此足球训练中很多问题都集中在体能训练上,而体能训练出了问题必然会影响技能训练,影响运动员综合竞技能力的提升,同时从上面分析的叠加代偿原理来看,也会影响对技能不足的暂时性弥补。这就提醒教练员要设计丰富多彩的体能训练手段,帮助运动员建立持久的运动训练的兴趣。

3. 边际效应原理

"边际"指的是事物在时空维度上的界限或边缘,它体现的是数量

第四章 校园足球教学的基础理论

概念。"效应"指的是心理满足程度,它反映的是心理感情强度。"效应"随"边际"的变化而变化,即心理感情强度随数量的变化而变化。边际效应体现了人的主观感受的变化,具体来说,是个体对某一事物预期的感情强度的变化,人对某一事物有了预期后,越临近预期的效果,这种感情强度就越激烈,感情强度随所期待的事件的变化而变化。

总体而言,边际效应具有以下几个方面的特征。

第一,时间性特征。边际效应的时间性主要指的是效应的渐渐衰退,可以解释为组织内部的效能随时间的延续及整体的不断磨合而发生衰退性变化。如果一名足球运动员长期采用单一的方法进行训练,那么该训练方法所带来的训练效果会越来越不明显,该名运动员竞技能力的提高会越来越慢。

第二,空间性特征。如果以过于统一或习以为常的方式开展足球训练工作,那么运动员竞技能力的提升空间就很小,或者竞技能力的变化小,体现不出弹性化发展的效应,这时运动员如果要取得新的突破,增加弹性空间,就要重新组合竞技能力结构。

第三,组合性特征。广袤的空间与绵延不绝的时间在组合上有各种各样的可能性。在足球训练中,一般性的训练方法很容易受关注和重视,而最终结果即训练的边际效应却经常被忽视。

4. 超量恢复原理

超量恢复原理,即物质能量的储备超过原有水平,机体运动能力也超过原有水平。理论上而言,运动员在超量恢复阶段进行训练,能够达到很好的训练效果,身体机能水平和运动能力会得到显著提升。

以下是超量恢复原理的具体体现:

第一次训练结束后,休息较长时间才开始第二次训练,即过了超量恢复期才进行新的训练,这时难以提高人体机能水平和运动能力。

第一次训练结束后,休息较短时间就开始第二次训练,即还没有进入超量恢复期就开始新的训练,因为机体疲劳没有恢复好,所以训练效果并不理想。

第一次训练结束后,在超量恢复期开始新的训练,大大提高了人体机能水平和运动能力。

第二节　校园足球教学的教育学基础

校园足球教学的教育学基础内容有很多,受篇幅所限,本节主要阐述教育学理论和基本教学理论两方面的内容。

一、教育学理论

教育学属于一门基础学科,其基本原理是教育科学体系中其他学科的基本理论基础,其中包含了校园足球教学理论的相关研究。

(一)教育本质论

世界上各个国家都非常重视本国教育的发展,教育可以说是社会发展的重要推动力。教育的本质则是培养和选拔人才。世界各国无论是在经济实力和国防力量上的较量,还是在科学技术和体育发展方面的竞争,本质上都是人才的竞争,而人才的竞争本质上又是教育的竞争。由此可见教育的重要性。

伴随着学校教育的不断发展,教育理论也在不断地深化和完善。教育的漫长曲折历程,在不同的社会发展阶段有着各自的时代特点。纵观整个的教育发展史,大致可分为原始、古代与现代三种形态。无论哪种形态下,人才的数量和质量都决定了当时社会的发展程度。同时,社会发展进程也决定着人才的数量和质量。当代人力资本理论认为,个体具备的综合实力如知识技能等,本质上是资本的外在表现形态,也是个体未来收入的首要因素。

综上所述,教育与社会生产力、政治经济制度、科学文化之间存在着相辅相成也相互制约的关系。另外,教育本质论深刻地揭示了教育的内涵与功能。对于学校教学而言,教育方法和技术手段也是沿袭着从简单到复杂的发展规律一路发展至今。它对于学校体育教育的发展起到了极为重要的指导作用。

（二）教育目的论

教育具有一定的目的，其目的本质上就是人才培养，以及对人才的质量、数量、规格以及标准等的研究。根据教育学的基本理论，教育的目的又可分为以社会发展需求出发和从个体本能需求出发两种。

以社会发展需求出发是指仅从社会发展需要出发定位教育目的，过度强调社会价值，忽视个人需求，即教育目的社会本位论。仅从个体的本能需求出发定位教育目的，过度关注个人实现，忽略社会整体价值需求，即教育目的个人本位论。

以上两种理论各有侧重但又都存在着不足之处，我们应辩证地去看待。要将这两个方面充分结合起来，寻找到个人与社会的价值最大化才具有现实意义。

在校园足球教学中，教育目的论具有重要的指导意义。足球属于一项团队协作运动，是集体共同努力作业、齐心协力朝着同一目标奋斗以达到最大效能的过程，个人胜利是建立在团队胜利的基础之上的。但需要注意的是，足球又是一项依赖个人能力与天赋的运动，因此在足球教学中，体育教师要充分认识到这两个方面。

教育目的论的基本理论具体体现在以下几方面。

（1）体育教师在设计与安排足球教案时，充分考虑学生的个体发展因素，保证足球技战术教学与学生的身心发展步调相一致，让学生的足球理论与技战术素养获得共同发展。

（2）体育教师组织教学活动应充分考虑学生的各种差异，依据求同存异的原则确保每个学生都能获得发展。

（3）体育教师要综合考虑学生的多变性与相对不变性特点，科学和合理地设计与选用教学手段与方法，设计多样化的教学模式，以取得理想的教学效果。

（4）体育教师要尊重学生身心发展的个性化和差异性，足球教学活动的具体实施要具体灵活、因材施教。

二、基本教学理论

（一）有效教学理论

1. 有效教学的概念

有效教学是师生在教学活动中遵循教学活动规律，采用各种有效的方式和手段，以尽可能少的教学投入取得最优的教学效益和效率，促进学生在知识与技能、过程与方法、情感态度与价值观"三维目标"上获得进一步发展。

2. 有效教学的理念

一般来说，有效教学的理念主要表现在以下几个方面。

（1）重视学生的全面进步和发展

体育教学将学生进步与发展作为终极追求目标，有效体育教学追求的是学生的全面发展和最大程度的进步。有效体育教学对学生全面发展与进步的关注，要求体育教师在教学过程中将生成性与预设性重视起来，同时不仅要对教学结果予以关注，还要对教学方法和过程予以重视，并注重培养学生自主获取知识的能力。另外，还要采取积极的手段和措施引导学生形成正确的价值观，进而实现全面发展目标。

要想实现有效体育教学的目标可以从以下方面进行。

第一，深入认识学生在体育课堂教学中居于"主体和中心地位"的真正含义，尊重学生的主体性，在此基础上展开师生互动，这样能有效提高体育教学的效率。

第二，体育教师要树立"全人"的学生观，关注学生的均衡与全面发展。培养学生健康的体能、良好的技能，提升学生的心理健康水平、社会适应能力以及道德人格健康水平。在知识传授方面，不仅要传授体育知识、运动健身知识，还要传授必要的健康知识、文化知识，提升学生的知识素养。传授知识和培养技能历来在体育教学中颇受重视，但有效教学理论还要求培养学生的非智力因素，包括对态度的培养、情感的培养以及价值观的培养等，使学生的健康水平、智商和情商全面提高。表现在足球教学中，就是在注重动作技术培养的同时，培养学生的足球意识、团队协作能力和精神等。

第四章 校园足球教学的基础理论

第三,在有效体育教学中体育教师要有意识地将学生的主体意识"唤醒"。学生主动学习是体育教学有效性的重要体现,学生作为学习主体要主动唤醒自己的主体意识。学生自我学习能力的提升是体育教学"有效益"的重要体现,在有效体育教学中体育教师要树立正确的教学理念,在科学教学思想的指导下表现出符合有效教学要求的教学行为,对学生予以关心、尊重,积极创设教学情境,将学生的学习热情激发出来,使学生以适合自己的学习方式去实现学习目标,获得全面发展与进步。

(2)体育教师具备反思意识

在体育教学中,体育教师要具备一定的反思意识与能力。体育教师专业水平和业务能力的提升就是在不断的探究教学和教学反思中实现的。有效体育教学要求体育教师具备反思意识,在反思中获得进步和提高。

在传统教学理念下,体育教师普遍缺乏反思意识。而在有效体育教学中,体育教师具备这种能力,改进不良教学行为,其中一个重要的前提条件就是具备反思意识。所以,只有体育教师具备反思意识,认识到了传统教学观念的弊端,才会改进不当教学行为,教学改革才会奏效。

(3)体育教师具备效益意识

体育教学活动的开展一定要有所收益。需要注意的是,体育教学效益和体育教学效果并不是同一个概念,效果侧重于学生发生的积极变化,是好的教学结果,与教学目标吻合或贴近;效益侧重于学生个人需求和社会教育需求的满足。为了达到根本性教学目标,在体育教学中必须追求良好效益。而要确保和提升体育教学的效益,就要合理有序地安排各个教学环节。

在足球教学中,体育教师作为教学活动的组织者与主导者,必须要有强烈的效益意识。强烈的效益意识对体育教师的教学行为具有积极的指导作用,能帮助体育教师在教学中主动反思,自主评价教学绩效,从而促进教学效益的提升。

(二)教学过程最优化理论

1.教学过程最优化的内涵

教学过程最优化就是基于对教学规律、教学原则、教学方法及整个教学系统和内外教学条件与环境等多要素的综合考虑,从高效完成教学任务着眼,有效控制教学过程,根据科学教学理论,结合现有教学条件而对最佳教学方案进行探索、设计、选择及实施,以保证在已有条件下最大化地发挥各个教学要素的作用,从而取得最好的教学效果。

为了更好地完成教学任务,体育教师应依据现有的教学条件选择最佳的教学组织形式和教学方式,在规定时间内和有限的精力范围内优化整合各个教学要素,确保每一名学生在原有基础上获得最大幅度的进步,发挥所有学生的学习潜力,取得最好的教学效果。

2. 教学过程最优化的标准

巴班斯基是最优化理论的创始人,他曾指出:"在现代学校中,教育过程最优化被理解为选择这样一种方法,它能使教师和学生在花费最少的必要时间和精力的情况下获得最好的效果。"[①] 要实现教学过程的最优化,就要从教学规则出发,以对教学规则、教学形式、教学条件及教学对象实际情况等多因素的全面考虑为基础,使教育过程的效能得到最有效的发挥,这是教学最优化的重要条件。在最优化教学理论中,其标准主要有两条:一是时间标准。这是最优化控制的重要标准之一,指的是花最短的时间,以最小的代价取得最大的效益。二是效果标准。在规定时间内通过合理控制教学过程促进学生的进步与发展。

3. 体育教学过程的最优化

体育教学过程最优化是在对体育教学规律、体育教学原则、体育教学方法、体育教学条件以及教学对象实际情况等多个要素进行综合考虑的基础上,对一种合理有效的体育教学方案进行设计、选择与实施,从而取得当前体育教学条件下最好的教学效果。

体育教学过程是非常复杂的,整个教学过程涵盖众多的要素,每一个要素之间都发生着密切的联系,我们要深入探讨他们之间的联系,从教学实际出发有效设计与实施教学方案,保证在现有条件下能最大限度地完成好教学任务,减少不必要的教学时间消耗和师生精力消耗,以最优化教学过程取得最佳教学效果。

---

① 胡永红.有效体育教学的理论与实证研究[M].北京:北京体育大学出版社,2010:39.

（三）信息化教学理论

1. 信息化教学的概念

信息化教学是指在现代教学理念的指导下，教师充分利用现代信息技术，整合与运用丰富的教学媒体和信息资源，构建良好的教学环境，引导学生积极发挥主观能动性，使学生自觉成为知识和信息的建构者，从而不断提高教学质量的过程。

2. 信息化教学的要素

传统教学系统的主要构成因素包括教师、学生及教学内容。信息化教学系统的构成因素在传统教学系统的基础上增加了媒体因素，即包含教师、学生、教学内容及媒体四个要素，这几个要素之间的联系非常密切，共同推动着教学系统的发展。①

3. 信息化教学基本理念

信息化教学倡导"以人为本"的基本教学理念，坚持以学生为本。具体要做到以下几点。

（1）确立学生的主体地位。强调以学生为中心安排教学活动，一切教学活动都要围绕学生这一主体进行。

（2）强调学生的主观能动性。学生是体育教学活动的主体，一切教学活动都要围绕学生进行。因此，在教学过程中，要充分激发学生学习的积极性，注重学生在学习中的积极参与，激发学生的最大潜能。在信息化社会，体育教师要充分利用多媒体技术吸引学生参与其中，取得理想的教学效益。

（3）强调师生积极主动地互动交流。教学活动，本身就是由教师和学生之间的积极主动互动交流所形成的。一般来说，多样的师生互动交流，对于缩短师生的心理距离，增强学生的学习兴趣是非常有帮助的。

4. 信息化教学基本特征

信息化教学具有以下几个特征。

---

① 景亚琴.信息化教学[M].北京：国防工业出版社，2014：42.

（1）技术特征

①数字化。信息化教学系统的设备比较简单、性能相对来说比较可靠。

②网络化。信息资源可共享、活动时空少限制，人际合作易实现。

③智能化。系统能够做到教学行为人性化、人机通信自然化、繁杂任务代理化。

④多媒体化。媒体设备一体化、信息表征多元化、复杂现象虚拟化。

（2）教育特征

①共享性特征。共享性，是信息化的本质特征，通过信息的共享，能够为教育教学提供丰富的教学资源，除此之外，还有大量的数据文件、档案资料、软件程序等，由此，便形成了一个高度综合、集成的资源库，这也为信息化教学的开展奠定了基础。

②交互性特征。学习者可以通过提问、交流、讨论等方式来形成各自的判断，并且准确表达出自已对问题的理解，就各自解决问题的不同思路进行相互交流，同时，还可以对解决问题的过程和成果进行相互分享。

③协作性特征。教师在与他人协作和研讨的时间和空间方面有更好的表现平台，使学习者通过网上合作、小组合作、与计算机合作等多种合作方式，来增加与他人合作的机会。

④开放性特征。开放性特征，主要表现为教育社会化、终身化，学习生活化、自主化。由此，能够对教育在未来几年内的发展情况进行预估。学习在时空和地域方面的限制会大大减小，学习者在任何时间都可以通过互联网来解决各种问题。

第三节　校园足球教学的基本原则

一、主体性原则

校园足球教学的主体性原则，是指在相关活动中对于诸多教学元素的选择要与学生的需求和特点紧密结合。与此同时，学生也要对教师的教学予以配合，这样才能取得理想的教学效果。

第四章 校园足球教学的基础理论

遵循校园足球教学的主体性原则需要注意以下几个方面。

（1）校园足球教学是教与学的双边活动。教学活动中包含"教"和"学"两个部分，"教"是教师实施的，而"学"则是由学生实施，两方的地位应该是平等的。这就要求教师在教学中要尊重学生，保证学生主体性的发挥，提高学生主动解决问题的能力。

（2）引导学生明确学习目的。学习效果与学习动机之间有着极为密切的关系。如果学生的学习目的不明确，学习动机不正确，就不可能积极主动地去学习，因此，体育教师一定要引导学生明确学生的学习目的。

（3）培养学生学习足球的兴趣。兴趣可以说是学生学习最直接的动机。当兴趣产生后，学生学习的主动性就会大大提升，在教学中的专注度和投入度也就越高，如此教学效果自然最好。为此，教师就应在教学中从各个元素中挖掘能提升学生学习兴趣的点，促使学生以积极饱满的热情投入学习之中。

（4）建立民主平等的师生关系。一个良好的教学氛围必定是民主平等的，民主平等的师生关系有利于教学活动的顺利开展，同时也有利于教师和学生在教学活动中充分感受到自己的主体地位。在具体的足球教学中，体育教师要关注每一名学生，进行针对性的教学，建立平等民主的师生关系。

二、实效性原则

校园足球教学的实效性原则，是一切足球教学活动要以切实为学生的进步为目标，并为最终教学效果的实现解决教学中所遇到的各种问题。贯彻这一原则需要注意以下几个方面的要求。

（1）选择合理的教学方法。教学方法对教学活动的顺利开展起到非常重要的作用。因此，一定要设计与选择合适的教学方法。一个好的教学方法能直接让教学产生实效，激发学生的兴趣，教学质量也就随之提升。为此，教师除了要选择好传统的教学方法，还要尝试创新教学方法，这样才能促进教学质量的提高。

（2）经常性开展调查研究。负责组织校园足球教学活动的教师不应仅满足于当前的教学能力和理念，在业余时间中还要不断研究足球运动的最新变化和发展趋势。即便足球运动已经是一项较为成熟的运动，但其仍旧处于发展之中,这点可以从每届足球世界大赛中看到,每次都展现给人们足球运动更新的发展成果。教师要时刻关注足球运动的发展动向,这是保持其教学与时俱进的关键,只有如此才能满足学生不断增长的足球学习需求。这也是校园足球教学活动秉承实效性原则的表现。

(3)用唯物辩证法指导教学工作。在校园足球教学中遇到的问题需要体育教师以"一切从实际出发"的唯物辩证法观点来解决,注重剖析事物的本质,抓住教学难点和教学重点,以解决教学过程中的各种问题。

三、直观性原则

校园足球教学的直观性原则,是要求教师要更多利用学生的感官和已有经验以快速在学生脑中建立起足球技能表象和感觉,最终使学生扎实掌握足球技能。贯彻直观性原则需要注意以下几个方面的要求。

(1)明确教学目的和要求。直观性的教学一定要建立在清晰的教学目标和要求之上,为此,教师对这些教学元素就要有深入的研究,并在此基础上贯彻直观性教学的原则。举例来说,对于刚开始学习足球的学生,根据他们的现阶段水平,可更多选择动作示范、技术图片等直观方法教学。而对已经具备一定技能水平的学生的教学,则可以选择视频录像、战术演示软件等直观方法教学。

(2)应尽可能多地利用学生的多种感官,如视觉、听觉、触觉等使学生了解足球技战术表象,如此有利于学生培养出理想的学习积极性。

(3)要善于启发学生思维。学生足球运动思维的启发非常依赖教师的提点,有时经验丰富的教师非常善于发现学生的问题,并给予适时适度的提点,这会让学生有一种豁然开朗的感觉,这也是体育教学秉承直观性原则的一种具体表现。

四、循序渐进原则

校园足球教学的循序渐进原则,要求的是教学依据足球运动技能的培养规律,按照从简到繁、从单一到组合的顺序组织教学。贯彻循序渐

第四章 校园足球教学的基础理论

进的基本原则,应注意以下几个方面的要求。

(1)注意教学内容的系统性。校园足球的教学应按照基础大纲的要求进行,在经过逐级细化后,教师应根据教学进度和课时计划系统开展教学,如此才能取得理想的教学效果。

(2)注意教学方法的系统性。学生足球运动技能的培养需要经过以下阶段:定向阶段——巩固提高阶段——熟练阶段——自动化阶段等。他们在不同阶段中的学习效能有所不同。为此,教师就要综合考虑足球技能与学生技能培养的结合,设计与选择合适的教学手段与方法,以实现预期的教学目标。

(3)合理安排运动负荷。合理的运动负荷安排是考量一名足球教师教学水平的重要标准之一。参与校园足球教学活动的学生与足球专业运动员有着本质上的不同,主要表现在学生的基础身体素质方面。对于大多数没有过运动训练经历的学生来说,教师在安排运动负荷时要遵循学生的身心发展规律,务必要对负荷有所掌控,不能一味地追求运动水平的提高而忽略了学生的身心发展。

五、因材施教原则

教师在学校组织开展校园足球各项活动的对象是全体学生,因此就会对学生提出一致性要求。但与此同时,还需要在了解学生个体情况的基础上做出一些针对性教学指导,这是一种因材施教的理念,是对学生个体予以尊重的表现。在开展校园足球教学过程中秉承因材施教的原则,具体应做好如下几点。

(1)从整体上把握。在校园足球的教学活动中,教师做出的教学行为的总目标是使全体学生都能学到技能。为此,在制定教学计划之际,就应对其中所有要素的制定从整体上予以把握,以使之适合全体学生的发展。在此基础上,再考虑以学生的不同运动能力为依据进行分组,对能力较强、基础较好的一组学生要为他们创造更好的进阶途径,而对那些基础和能力相对较差的学生,也要报以同样的热情指导其学习和进步。

(2)坚持从客观实际出发。要想在教学中秉承因材施教的原则,教师就需要对每名学生的个体情况有所了解,其需要了解的重点内容为学生对足球的兴趣、初始运动技能、身体素质状况、学习能力等。这些内容就是因材施教所必须掌握的信息。这些信息也是体育教师贯彻因材施教原则的关键所在。

第四节 校园足球教学设计理论

一、体育教学设计

关于体育教学设计的概念,我们可以将其理解为一项系统的研究和计划工作。它是以获取最佳体育教学效果为目的,以学习理论、教学理论、传播学和体育教学原理为理论基础,通过一套具体的操作程序来协调、配置体育教学过程中的各种要素(如体育教师、学生及教学内容、教学条件、教学目标、教学媒体、教学组织形式)以优化体育教学过程的一种设计活动。[①]

二、足球教学设计

(一)足球教学设计的概念

根据上面体育教学设计的概念,我们可知足球教学设计就是在一般教学设计和体育教学设计理论的指导下,依据一定的足球教学规律及特点,研究系统设计足球教学过程的一门应用学科。

(二)足球教学设计的指导思想

1. 素质教育观

素质教育是现代教育的基本要求,而素质教育则要求全面贯彻党的教育方针,以德育为核心,以创新精神和实践能力为重点,面向全体学生,使学生在德、智、体、美、劳各方面都得到协调性的发展。

---

① 张振华.体育教学策略与设计[M].北京:北京师范大学出版社,2012:224.

一般来说,素质教育观主要包括以下几个教育观念。
(1)全面发展的教育目的观。
(2)面向全体学生发展的学生观。
(3)面向未来的人才观。
(4)学生主体的发展观。

2. 现代体育教育观

体育教学设计要遵循素质教育的理念和要求,必须转变传统的体育教育观念,树立现代体育教育观念。
(1)坚持"全面发展""健康第一"的指导思想。
(2)贯彻与实施全面教育的指导思想。
(3)贯彻与实施终身体育的指导思想。

三、足球教学设计的原则

(一)目标导向原则

在整个体育教学体系中,体育教学目标非常重要,扮演着非常重要的角色。体育教师必须紧紧围绕体育教学目标合理安排足球教学设计工作。在足球教学设计的初始阶段,体育教师要对系统的足球课程目标体系进行认真分析与解读,厘清宏观目标和微观目标之间的关系,探索科学的教学方法来实现足球课程目标。足球教学目标的确立需要深入调查与全面了解教学现状和问题,深入分析学生的具体情况,结合教学现状和学生实际确定足球教学目标。然后一切教学设计方案都要围绕这一目标进行。

(二)可操作性原则

足球教学设计方案一定要有可行性,只有如此才能保证足球教学的效果和质量。足球教学设计的形式有很多,但不管有多少种形式,都要强调实施过程的可操作性。体育教师要从现有的足球教学环境、教学条件以及学生实际水平出发而进行教学设计,只有密切联系实际的教学方案才是切实可行的方案。如果足球教学设计得过于理想化,就会与现实条件不符,对于足球教学质量的提高是不利的。

(三)整体优化原则

足球教学设计的整体优化原则是指将足球教学系统中的各个要素以及各要素之间的关系处理好,最大限度地发挥足球教学系统的整体功能,这样有利于取得理想的教学效果。

要想最大限度地发挥足球教学系统的功能,就要确保各个子系统达到最优化,然后整合起来达到整体的最优化。体育教师要立足最优化教学目标而将各个教学因素、环节纳入教学系统的整体优化设计中,以便协同各要素的功能和作用,使体育教学系统这个有机整体的功能达到最大化。

(四)灵活性与实效性相结合原则

足球教学设计还要遵循灵活性与实效性相结合的原则,这是体育教师应该具备的基本素质之一。足球教学设计包含的内容有很多,其中教学方法的设计尤为重要。体育教师应依据学生的具体实际合理设计与选用足球教学方法,尽量让学生在真实的比赛或模拟比赛情境中学习知识和掌握运动技能。另外,足球教学方法的设计不仅要有趣,还要有效,通过合理的教学方法的实施能有效提高足球教学质量。

(五)趣味性和针对性相结合原则

在足球教学设计体系中,教学方法、教学组织形式的设计要强调趣味性,要营造生动活泼、灵活有趣的教学氛围,使学生在活跃的教学气氛中以饱满的情绪和高度的热情掌握和提高自己的足球运动技能,进一步提升学习的效率,促进运动水平的提升。

另外,鉴于每一名学生的足球基础、运动习惯和学习能力等方面存在差异性,在进行足球教学设计的过程中还要体现出教学的针对性和层次性,将集体教学和个性化教学结合起来,确保所有学生都能获得发展。

四、足球教学设计的步骤

(一)仔细分析足球教学实际

分析足球教学课的实际是设计足球教学方案的基础,是足球教学设计的基础阶段,在这个阶段要全面分析学生的学习需要和具体的教学内容,教学内容应包含本节课的教学思想、教学内容、教学重难点、教学过程、教学策略等各要素的分析情况。

（二）合理设计足球教学内容体系

设计阶段是体育课教学设计的核心阶段,在这个阶段要完成对体育教学目标、教学策略以及教学过程的设计。教学目标、教学策略、教学过程是教案的主要内容,设计完成后便可以编写教案。事实上,设计这些内容与编写教案是很难完全分开的工作,很多时候需要同时操作来完成。在教学策略和教学过程的设计中,包含很多具体的设计内容,如教学组织形式、教学方法、教学手段、教学步骤、练习强度等。体育教师要根据具体的教学实际合理地设计。

（三）科学评价足球教学设计方案

体育教学设计评价是体育教学设计的最后一个阶段,这一阶段内容也非常重要,在实际的教学中有可能不受重视或忽略。通过评价教学效果来判断设计的教学方案是否科学、合理,是否是最优方案和高质量方案,这是提高足球教学质量的重要保障。

一般来说,体育教学设计评价主要包括以下内容。

（1）设计理念是否符合现代学校教育的要求。

（2）设计的教学方案是否遵循了体育教学的规律和原则。

（3）设计的足球课的结构安排是否合理、内容是否完整等。

（4）设计的教学方案是否合理,文字表达是否准确、清晰、恰当。

（5）设计的教学方案是否具有较强的可行性。

（6）设计的教学方案是否具有创新性。

第五章　校园足球教学的有效实施

校园足球教学系统包括足球教学目标、教学内容、教学方法、教学模式、教学评价等多个要素。从校园足球课的组织类型来看，主要包括足球理论课和实践课两种。有效开展校园足球教学活动，就要从整体观出发积极实施各项要素并加以优化整合，同时要组织好足球理论与实践教学，整体提升校园足球的教学水平和教学质量。本章主要对校园足球教学的有效实施展开研究，主要内容包括校园足球教学目标的确定、教学内容的设置、教学方法的选用、教学模式的构建和教学评价的落实以及校园足球理论课与实践课的实施要点。通过这些研究为促进校园足球教学的有效实施及提升教学水平而提供科学指导。

第一节　校园足球教学目标的确定

一、确定校园足球教学目标的依据

校园足球教学目标是在校园足球教学中，教师要求学生通过学习足球相关内容应该达到的教学效果和教学标准。

（一）教学总目标

教学总目标是各级教学目标的总标准，每一级教学目标的实现都是为教学总目标所服务的。

足球教学目标的设计应充分考虑整个足球教学系统的各个具体目标以及具体教学目标之间的有机联系，应做到逻辑清晰、层次分明，这是实现足球教学总目标的重要前提。校园足球教学目标的设计应始终

第五章 校园足球教学的有效实施

与足球教学总目标保持一致。每一节足球课的教学目标都应该为足球教学总目标的实现奠定基础。

足球教学的总目标主要包括以下内容。

（1）全面提高学生的体质和体能，培养学生的足球兴趣，普及足球知识；促进学生学习和掌握足球技战术，培养学生团结协作、拼搏进取的精神，为国家培养足球后备人才。

（2）充分发挥足球的教育功能，推动我国基础教育改革。

（3）规范校园足球运动的开展，提高校园足球运动水平。

（4）根据青少年校园足球发展的战略部署及要求，制定校园足球发展战略，并逐渐形成相应的指导纲要，促进校园足球运动的顺利开展。

（5）在校园足球活动领导小组的领导下，相关学校积极贯彻落实相应工作计划。

（二）教学功能与内容

体育的功能影响体育教学目标的确定，体育功能的多元性决定了体育教学目标的多元化。足球运动具有体育运动的一般功能，还具有足球运动教学育人的特殊功能。在校园足球教学中，应针对具体的教学功能设计相应的教学目标。

设计与确定足球教学目标还必须认真分析足球教材和教学内容，不仅要体现教学内容的全面性，还要突出教学特点、重点和难点，体现出足球运动的特点和规律。

（三）学生身心特点

学生是足球教学的主体，足球教学目标的制定要充分考虑学生的兴趣、态度、需要、学习倾向等个性因素，符合学生的身心发展规律。

校园足球教学要想取得最佳效果，就必须吸引学生的关注，提高学生的参与兴趣。这就要求根据学生的生理、心理和智力特点，整合足球运动的趣味性、目的性、对抗性，使学生由浅入深、由易到难地逐渐掌握足球运动知识和技能，获得参与足球运动的基本能力。

（四）客观教学条件

客观教学条件对教学过程具有重要影响和制约作用。因此，制定足球教学目标应实事求是，不能脱离实际。在足球教学目标的制定中必须考虑学校足球场地、器材、设施等条件因素,使足球教学目标具有实现的可能性。

二、不同学段校园足球教学目标

不同学段的校园足球教学,在教学目标上是有差异的,这是校园足球教学目标阶段性和层次性的体现。

(一)小学

小学校园足球教学是校园足球教学的初级阶段,这一阶段要抓住小学生的身心特点来确定教学目标。总的来说,小学阶段校园足球的教学目标是让学生通过踢球来提升其对足球运动的熟悉度,使学生对足球运动产生兴趣,自觉地亲近这项运动,并形成基本的球感。

(二)中学

中学分初中和高中两个阶段,这两个阶段的校园足球教学目标是逐渐递进的。

1. 初中

初中阶段校园足球教学目标主要包括以下几个方面。
(1)使学生掌握基本足球技能。
(2)使学生对足球战术要素、基本比赛规则有一定的了解。
(3)使学生的体能和足球运动能力得到提高。
(4)使学生初步形成足球健身意识。

2. 高中

高中阶段校园足球教学目标主要包括以下几个方面。
(1)使学生熟悉足球战术要素和足球比赛规则。
(2)促进学生体能和足球技能水平的进一步提高。
(3)使学生积极参与足球比赛,培养比赛能力。
(4)使学生的足球健身意识得到增强,养成足球锻炼的行为习惯。

(三)大学

大学校园足球教学是校园足球教学的高级阶段,在这一阶段要达到更高的足球教学目标,具体如下。

(1)使学生对足球技战术要素和足球比赛规则熟练掌握并运用。

(2)使学生的足球技能更加稳固。

(3)使学生足球健身意识进一步强化,保持良好的足球锻炼习惯。

三、校园足球教学的模块目标

校园足球教学目标不仅有学段目标之分,还有模块目标之分,即校园足球要实现不同领域的教学目标。

(一)运动参与目标

在运动参与领域,校园足球教学应实现如下目标。

(1)使学生养成正确的身体姿势习惯。

(2)使学生体能发展良好。

(3)使学生关注自己的健康,了解健康的影响因素,清楚不良内外环境因素对自身健康的危害。

(4)使学生科学参与体育运动。

(5)使学生积极参与足球活动。

(6)使学生掌握体育运动的基本技能。

(二)运动技能目标

校园足球教学在运动技能领域的目标主要包括以下几方面。

(1)使学生熟练掌握足球技能。

(2)使学生在足球比赛中能够灵活运用足球技战术进行对抗。

(3)使学生安全参与足球活动,掌握处理常见问题的技能与方法。

(三)心智健康目标

校园足球教学中,要培养学生的心理素质和健康智力,具体要达到以下目标。

（1）使学生对身心健康的重要性及身体发展与心理发展的关系有正确的认识。

（2）使学生在足球运动中能够进行情绪的自我调节。

（3）使学生养成坚强的意志品质，塑造集体主义精神，提高团结合作能力。

（4）提高学生的一般智力水平与运动智能水平。

（四）人文素养目标

在人文素养层面，校园体育教学要实现如下目标。

（1）使学生树立人文思想，积累人文知识。

（2）塑造良好的人文情怀，使学生对人类发展与人类价值予以关注和尊重。

（3）培养学生的审美情趣和审美素养。

（4）弘扬足球之美，对学生发现美与创造美的能力予以挖掘和培养。

（5）对学生的体育意识、体育道德进行培养。

（6）使学生形成正确的社会意识，培养民族情感和责任感。

第二节　校园足球教学内容的设置

一、校园足球教学内容设置的准则

校园足球教学内容的选择直接影响校园足球教学目标的实现，只有合理设置教学内容，恰当选择教学内容，科学实施教学内容，才能逐步实现足球教学目标。为提高校园足球教学内容设置的科学性和合理性，在设置中要遵守下列准则。

（一）培养兴趣、促进健康

设置与选择校园足球教学内容，要从校园足球自身的特点及学生的兴趣爱好出发来合理安排，足球课上所开展的教学内容应能够使学生在愉快的氛围中有所收获，获得进步，使学生参与足球运动的兴趣更浓，

第五章 校园足球教学的有效实施

意愿更强烈。

校园足球教学内容必须要能够促进学生健康,在增强学生体质的基础上提升学生的足球运动技能。健康的内涵是丰富的,要尽可能选择能够促进学生身心健康、道德健康以及社会适应能力提升的足球教学内容。

(二)符合年龄、正确排列

在校园足球教学中,应从学生的年龄特点出发来合理选择教学内容,使教学内容与教学对象的年龄特点相符。应遵循循序渐进、先易后难的原则来正确排列足球教学内容。例如,对于刚开始接触足球运动的低龄和低年级初学者,要以基本球性练习为主要教学内容,多设置一些足球游戏类内容,使学生的基本运动能力和身体素质得到很好的锻炼。随着学生年龄的增长和对足球熟练度的提升,则应设置足球基本技术作为主要教学内容,如基本传球技术、运球技术、射门技术等,内容的难易程度逐渐增加,使学生逐渐掌握足球基本技术。之后可以安排足球比赛类的教学内容来锻炼学生的足球技术运用能力,培养学生的团结协作精神。

足球教学内容主要有两种排列方法,分别是直线式排列和螺旋式排列,前者是指某一教材内容教过之后就不会再重复,后者是指某一教材内容反复出现在不同年级的教学中,但教学要求是逐渐提高的。在足球教学实践中,往往将这两种排列方法结合起来运用,从而科学排列各项足球教学内容,分清内容主次,达到学习、掌握及巩固的教学目的。

(三)实践为主、理论为辅

校园足球教学的目的主要是增强学生体质,培养与提高学生的足球运动技能,培养足球后备人才,这就决定了校园足球教学应以实践内容为主,多安排实践活动与练习,使学生在实践参与中不断练习,不断巩固,逐渐提升健康水平和掌握足球技能。我们在强调足球实践教学重要性的同时不能忽视足球理论教学,理论教学虽然是辅助性的,但也发挥着重要的作用。足球运动历史悠久,在漫长的发展中形成了丰富的理论知识体系,在足球科研中产生了非常多的研究成果。在校园足球教学中设置生动有趣的理论内容,有助于提升学生对足球运动的认识水平和参与兴趣,培养学生的足球理论素养,并为学生参与足球教学实践提供科学指导。

（四）科学统一、安全为上

校园足球教学内容应该是健康文明的，健康价值突出的，教育意义鲜明的，对完成足球教学目标有重要作用的，这些都体现了足球教学内容的科学性，也是设置足球教学内容的重要原则之一。选择足球教学内容必须考虑其是否对学生健康有利，是否能够提高学生的足球运动技能，是否能够实现教学目标。此外，选择与设置足球教学内容还要考虑安全性，要结合教学对象的生长发育特点来科学设置，尽可能选择对学生成长有利的、安全系数高的教学内容。对抗性太强的内容存在一定的危险，发生伤害事故的可能性较大，不适宜作为青少年足球教学内容。

二、校园足球教学内容设置示例——小学阶段

小学共有 6 个年级，学生的年龄基本都在 6～12 岁，是从幼儿向青少年转变的重要阶段。小学生从低年级到高年级的年龄跨度较大，身心发育呈现出明显的阶段性特征。在小学阶段抓住学生的身心特点而科学组织与实施足球教学，能够在很大程度上促进学生健康发育与全面成长。因此，在小学阶段要以学生的身心发展情况为基本出发点，遵循学生发育规律，合理设置足球教学内容，制订足球教学计划，选用恰当的教学方法去落实教学内容，达到预期目的。

下面简单分析在不同年级如何从学生实际情况出发来对足球教学内容作出合理安排。

（一）小学一、二年级足球教学内容设置

小学一、二年级的学生年龄比较小，从身体上来看，还没有真正开始发育，从心理上来看，他们还是儿童，其身心特点主要表现为力量弱、速度差、注意力集中时间短、好奇心强等。面向一、二年级的学生进行足球教学，主要是普及足球，使学生认识足球，感受足球的乐趣，从而获得愉悦和欢乐。对此，教师可以选择一些简单的足球基础球性练习内容作为教学内容，也可以组织简单的足球游戏，使学生对这项运动产生兴趣，在愉快的氛围中踢球，提高身体协调能力，并为下一阶段的学习打好基础。

适合小学一、二年级学生的球性练习内容有踩球练习、揉球练习、拉球练习、颠球练习等。教师在足球课上设计的足球游戏应该灵活一些，要使学生将注意力集中在课堂上，激发学生的参与兴趣和积极性，并使学生对球的基本空间位置有简单的认识与了解，在此基础上将基本运球技术的内容加入其中，培养学生的协调能力和灵敏性。

(二) 小学三、四年级足球教学内容设置

小学三、四年级的学生经历了两三年的小学生活后，无论从思想上还是从心理上，都与儿童时期有所不同，这一阶段的学生集中注意力的时间有所增加，上课比较专注，并喜欢在课堂上表现自己。此外，这一时期学生的身体也开始有所发育，但其协调性、平衡性比较差，因此在足球教学中要注重对这些身体素质的培养。三、四年级的学生有了一定的足球基础，这一阶段要重点学习基本的足球技术，如传接球技术、运球技术和简单的射门技术，通过学习这些技术来对足球技术结构有基本的了解，对足球基本技术动作有初步的掌握，同时使学生对足球的兴趣更强烈。

在小学三、四年级的足球教学中，基础性练习的内容和方法都应该比小学一、二年级阶段更丰富一些，如从原地练习过渡到移动中练习，从单脚练习过渡到双脚练习，增加磕碰球、拖拉球等球性练习，使学生能够更好地控制球。在传接球与运球技术教学中，除了继续巩固脚背正面接球、脚背正面运球技术外，增加新的传接球方法和运球方法教学，如脚内侧传接球、脚背内(外)侧运球等。

(三) 小学五、六年级足球教学内容设置

小学五、六年级的学生正处于运动技能发展的敏感期，这一阶段的孩子身体迅速发育，心理上自我意识逐渐形成，经过之前几年的足球学习经历，打好了一定的足球基础，对足球技术的构成、基本技术的动作方法都有了不同程度的了解。这一阶段足球教学目标主要是继续强化学生对足球运动的兴趣，提高学生的足球技能运用能力。为达到这一目标，应设置一些具有对抗性的、具有一定强度的足球技术作为主要教学内容，并组织对抗性的足球比赛，使学生在比赛中灵活运用和巩固所学技术。

在小学高年级足球教学中,之前低年级阶段的教学内容依然可以继续教,以达到不断熟练、巩固和提升的效果。要注意的是,虽然教学内容没变,但教学形式的难度要大一些,要求也严格一些,而且要将组合、对抗等新元素加入其中,以实现更高水平的教学目标。

第三节　校园足球教学方法的选用

一、校园足球教学中的常用方法

体育教学方法包括以体育教师为主的教法和以学生为主的学练法,二者构成了完整的体育教学方法体系(图5-1)。足球教学是体育教学的重要组成部分,其教学方法同样包括教法和学练法两种类型。

（一）教法

足球教法的实施主体是足球教师,足球教师要从学生身心特点出发,选择科学的、可操作的、能够实现特定教学目标的教法来传授教学内容。足球教法与学练法中,以教法为主导,这是由足球教师在足球教学中的主导地位所决定的。以足球教师为主的足球教法主要有以下几种。

1. 语言法

在校园足球教学中,足球教师运用生动形象的语言来启发和指导学生学习足球知识和技能,以满足教学要求、达到教学目的,这就是语言法。学生在足球课上学习知识和技能,不仅需要完成身体活动,还需要运用智力和非智力因素,因此足球教师要用恰当的语言来启发学生、鼓励学生,用准确的语言讲解动作要领,在不同教学情境下运用不同的语言使学生集中注意力去学习,获得良好的课堂体验。

第五章 校园足球教学的有效实施

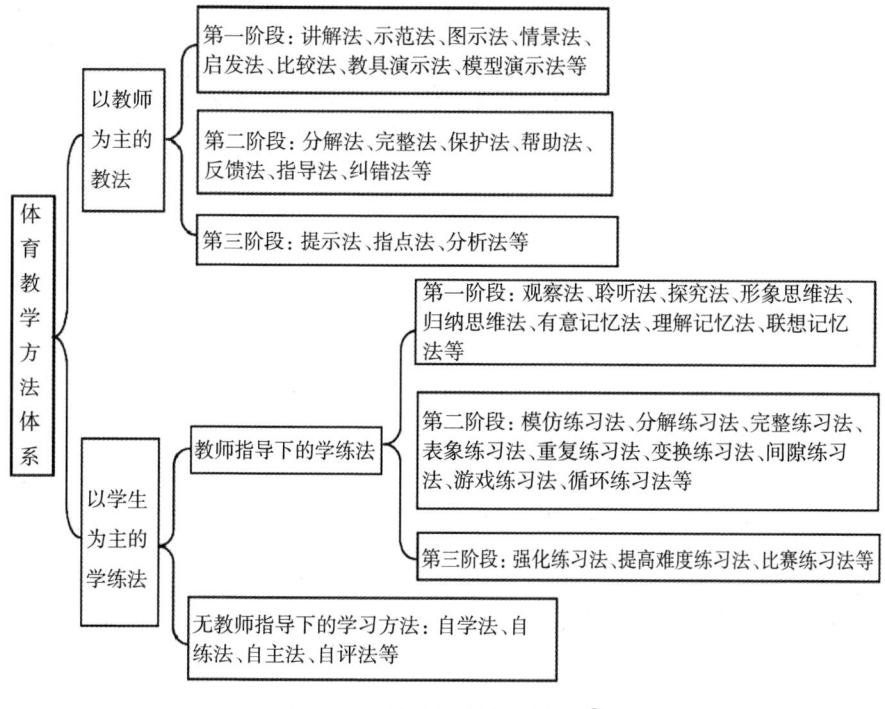

图 5-1 体育教学方法体系 ①

2. 直观法

足球教师运用直观方式作用于学生的感觉器官,引起学生感知的教法就是直观教学法。直观法是足球教学中非常重要的教学方法之一,通常与语言法结合起来运用。教师采用直观法教学时,要求感情充沛、精神专注、动作准确优美,并配合生动的语言讲解,同时还要态度和蔼,有耐心,使学生在教师的感染下产生学习热情,在教师的耐心引导下更有自信掌握好足球技术动作。

3. 完整法与分解法

完整与分解教学法在足球教学中的运用也很频繁。对于比较简单的足球动作,或者在以培养学生完整动作概念为主要目的的教学中,教师可以完整连续、连贯流畅地完成整个动作,中途不停顿。

---

① 龚正伟.体育教学新论[M].长沙:湖南师范大学出版社,2012:238.

学生建立完整的动作结构后,为了使学生准确掌握动作,应对完整动作进行合理分段,分成几个连续的部分来逐一教学,学生掌握各部分动作后,再连贯完成整个动作,以提高学习效率,把握好动作结构之间的内在联系。

(二)学练法

学练法包括学习法和练习法,学法和练法是密不可分的。下面简单介绍几种常用的足球练习方法。

1. 重复练习法

学生在相对固定的条件下反复练习一种足球技术,以达到熟练和巩固的效果,这就是重复练习法。

2. 循环练习法

从练习目的出发,将若干练习点和练习手段确定下来,学生按顺序、路线和要求依次循环完成各个练习点,以不断熟练练习内容,巩固练习效果。

3. 游戏练习法

足球教师编排一些足球游戏,使学生分组进行对抗性游戏练习,或者设计一些个人游戏,使学生自主练习,以活跃课堂氛围,培养学生的足球兴趣和练习积极性。

二、校园足球教学方法选用的原则

校园足球教学方法众多,在足球课上选用什么样的教学方法直接影响课堂教学效果,影响教学目标的实现。因此不能盲目选用教学方法,而要有科学依据,要遵守科学的规则去选用恰当的教学方法。具体来说,选用足球教学方法要遵循下列原则。

(一)根据教学目的与任务选用

在足球教学的不同阶段,教学目的、教学任务有所差异,在同一阶段的足球教学中,不同足球课的课堂教学目标和教学任务也有所不同。对足球教学方法的选用要以足球教学目的和教学任务为依据,根据不同的教学目的与任务而选用具有针对性和实用性的不同教法,实现教学目的、教学任务、教学内容、教学方法的统一,整体提升课堂教学效率和教学质量。例如,在足球新授课上,要以语言教学法、直观示范教学法、直观演示教学法为主,从而以简化繁,使学生对足球动作要领有更好的掌握。在足球练习课和复习课上,以比赛法、练习法等教学方法为主,以达到巩固技能和提升技能水平的教学目的。

此外,在足球单元教学中,前段课为培养学生的足球兴趣,主要采用游戏法、发现法来教学,在后段课为了对学生的自主学习能力进行培养,应主要采用小群体教学法、比赛法等方法展开教学。

(二)根据学生实际情况选用

在足球教学中采用何种教学方法,要着眼于学生的实际,根据学生的体能与技能基础、生理特点和心理特点而选择适当的教学方法。足球教师需要对学生的实际情况,包括年龄、智力、能力、身心发育情况、学习兴趣与态度等方面进行考察,然后做出恰当的选择,只有如此,才能体现方法的适应性原则,发挥教学方法的作用。

(三)根据教学方法的属性选用

任何教学方法都不是万能的,都会受适应范围和使用条件的限制,因此有必要了解各种教学方法的局限性,因时而动,把握时机,掌握分寸。这就要求足球教师从各种教学方法的适用范围、教育功能、使用条件、优劣势等属性出发,审时度势,灵活应用。

由于不同的教学方法有各自的优势和不足,能够产生不同的运用效果,因此要根据教学需要而对各种方法进行优化整合及运用,优化模式参考图5-2。

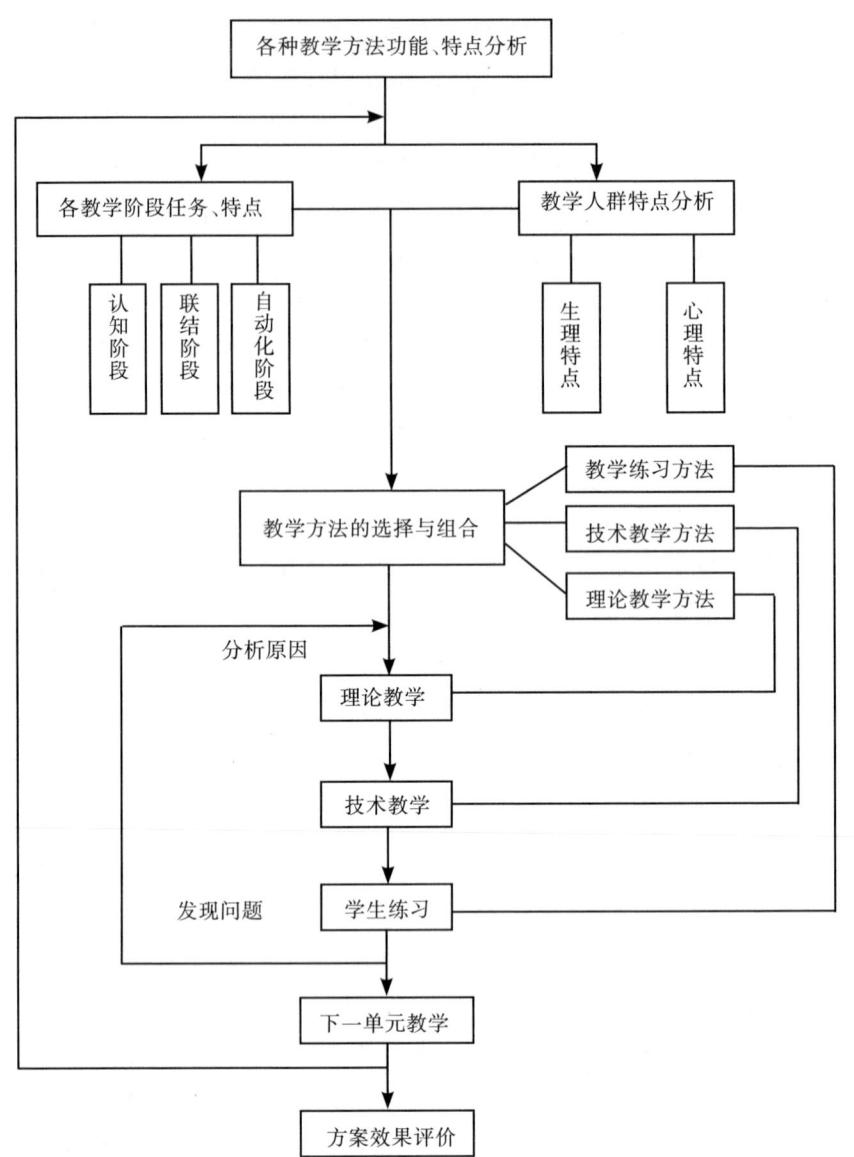

图 5-2 足球教学方法优化模式[1]

---

[1] 张建龙,王炜.体育教学方法优化组合的依据、原则与程序[J].新西部(下半月),2009(05):241+238.

三、校园足球教学方法选用示例——小学阶段

小学阶段时间跨度大,学生身心发展差别也较大,因此下面分三个阶段来探讨校园足球教学方法的应用。

(一)小学一、二年级教学方法选用

小学一、二年级的学生对课堂常规比较陌生,上课时好动,难以维持课堂纪律。而且除了好奇心和模仿能力较强外,其他各方面能力都处于初始阶段,缺乏主动参与、合作学习的能力,因此适合采用语言法、直观法和其他有趣的游戏方法进行教学。

(二)小学三、四年级教学方法选用

小学三、四年级的学生形成了清晰的课堂概念,好奇心和模仿能力同样很强,对足球活动也形成了基本的感性认识,但因为不熟练技能,经常做出违背运动规律的自创动作,因此必须加以规范和纠正,并提供安全保障。对此,教师应选用语言法、完整法和分解法等教法来教授正确技能,提高学生的足球运动能力。

(三)小学五、六年级教学方法选用

小学五、六年级的学生生理和心理上较之前明显成熟,他们思维敏捷、善于观察、认识能力较强,而且模仿能力和好奇心依然比较强,经过几年的足球学习积累,具备基本的足球运动能力,有强烈的参与和表现欲望。针对这些特点,应注重进一步提升学生的技术能力,选用完整与分解教学法;通过重复、循环和比赛练习法,以巩固和提高其技术水平。

第四节　校园足球教学模式的构建

一、校园足球教学模式的构建原则与步骤

（一）构建原则

1. 坚持教学目标、内容、形式、结构与功能的统一原则

从本质上讲，足球教学模式的建构是处理好足球教学活动中形式与内容、结构与功能的关键问题。所以教师应全面分析各种足球课的结构和形式、功能及作用，并以教学目标和条件为根据合理选择教学模式。

2. 坚持借鉴与创新的统一原则

足球教学模式的建构要坚持借鉴与创新的统一性。借鉴包括两方面的含义，一方面是借鉴国外先进教学模式理论；另一方面是借鉴国内先进教学模式理论与成功教学经验。坚持借鉴与创新的统一，就是要在正确教学思想的指导下改革落后教学模式，借鉴前人和他人的成功经验和理论，结合教学实际来提高足球教学效率。

（二）构建步骤

足球教学模式构建的基本程序如图5-3所示。

1. 明确指导思想

明确以哪种教学思想为依据而构建模式，从而为模式的构建奠定理论基础，并使教学模式的主题更突出。

2. 确定建模目的

明确指导思想后，确定构建足球教学模式的目的。

3. 寻找典型经验

通过调查研究，寻找符合模式构建指导思想与目的的典型经验或原

型作为教学案例。

4. 抓住基本特征

运用模式方法分析教学案例,概括教学案例的基本特征与基本教学过程。

5. 确定关键词语

确定表述教学模式的关键词。

6. 简要定性表述

简要地对教学模式进行定性表述。

7. 对照模式实施

对照教学模式展开实践教学,进行实践检验。

8. 总结评价反馈

通过教学实践验证,归纳总结检验结果,初步调整与修正模式,并反复实践直至完善。

二、构建校园足球教学新模式

(一)启发式教学模式

启发式教学模式指的是围绕学生主体开展足球教学活动,以学生的积极主动性为基础,使学生积极思考与独立探究问题,发现并掌握知识,最后得出相关结论的教学过程。启发式教学模式强调学生主动参与教学,自主探索知识,着重培养学生的探索精神和创新能力。该模式操作流程如图5-4所示。

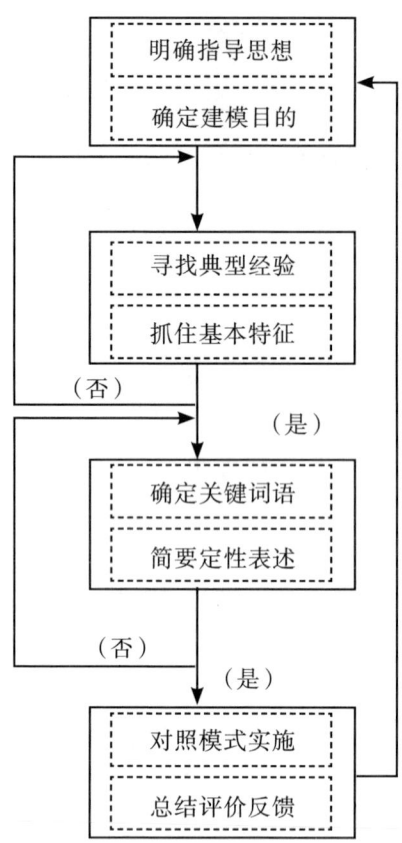

图 5-3 足球教学模式构建程序①

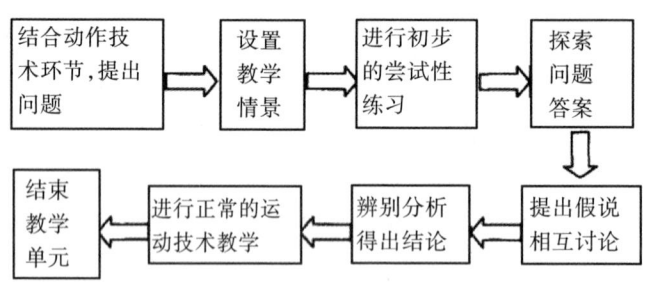

图 5-4 启发式教学模式操作流程②

在足球传接球技术教学中运用启发式教学模式具有重要意义。以

---

① 龚正伟.体育教学新论[M].长沙：湖南师范大学出版社，2012：198.
② 吴烦.武汉市中小学体育教学模式的选用现状及发展对策研究[D].湖北大学，2016：11.

第五章 校园足球教学的有效实施

行进间脚内侧传接球技术为例,应用启发式教学模式的操作流程如图5-5所示。

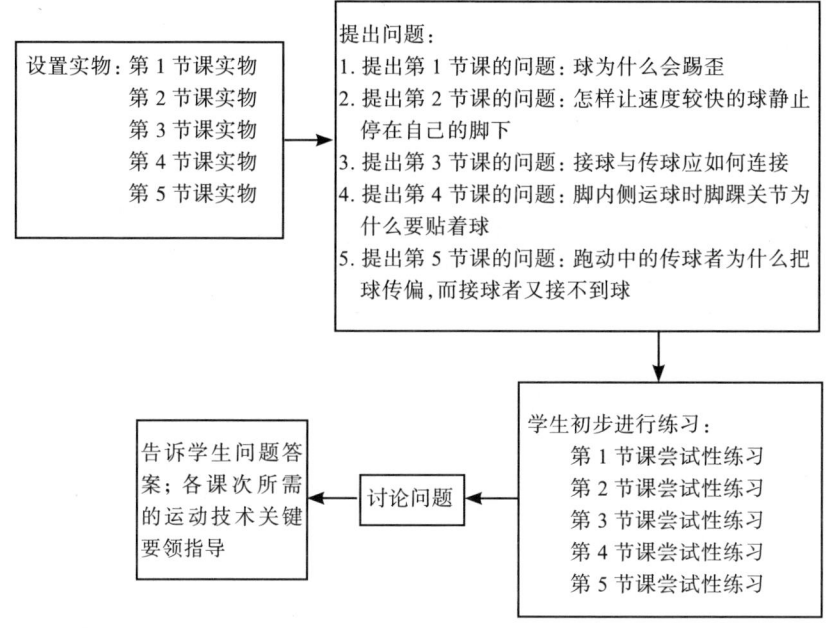

图 5-5 启发式教学模式应用[1]

（二）小群体式合作、竞争教学模式

将小群体合作与竞争模式运用到足球教学中,使学生在和谐的小群体氛围中相互帮助,相互合作,并展开公平竞争,体会合作的意义和竞争的乐趣。小群体合作与竞争教学模式有助于对学生的自主思考意识与能力加以激发,促进学生探索与创新能力的增强,使学生更有个性和创造性。在小群体教学氛围中,小组学生为了实现共同目标而展开合作,互帮互助,在互相协商、讨论中增强合作意识,这不仅有助于尽快实现小组学习目标,提高课堂教学效率,这种合作意识与能力对学生今后的学习、生活都有重要意义。在小群体竞争环境下,学生体验足球的竞争性和对抗性,在宽松愉快的氛围中公平竞争,积极争取主动权,力争从竞争中脱颖而出。学生从中塑造的竞争意识、竞争精神以及竞争力将成为其终身学习的内在动力。在群体合作与竞争模式中,学生能够获得

---

[1] 邵伟德.体育教学模式论[M].北京：北京体育大学出版社,2005：59.

喜悦、成就，也可能会尝试失败，遇到冲突与矛盾，这个过程对学生的成长具有重要意义。

将小群体合作与竞争教学模式运用到足球教学中时，要多设计一些游戏类的教学内容，而且考虑到学生的体质差异、运动能力差异、足球基础差异，应对学生进行合理分组，进行针对性教学。对于足球基础较差的组，以基础性的足球游戏教学为主，对于足球基础和体质都比较好的组，以具有一定对抗性和竞争性的足球游戏教学为主，不管是对哪组学生进行教学，都要以安全为主，把安全放在首位，做好热身准备，加强安全防护，有效预防和干预运动损伤。

（三）课内外一体化教学模式

课内外一体化教学模式是指将课内教学与课外活动有机结合起来，而且在学生综合成绩评定中，学生的课外活动表现成绩也占有一定的比例。课外活动的开展应达到目的性、计划性和组织性等要求。

在校园足球教学中，构建课内外一体化教学模式，要求在校园足球改革背景下，树立健康第一、终身体育、素质教育等指导思想和教学理念，在以课堂教学为主的基础上，围绕学生发展这一中心而开展具有延伸性与拓展性的课外足球活动和课余足球锻炼，将课堂教学与课外活动有机结合起来，以更好地实现校园足球教学目标。

课内外一体化教学模式具有较强的弹性，能够为学生提供比较大的学习空间，对学生的学习潜能予以挖掘，将学生的学习热情充分调动起来，促进学生个性的发展、创造精神的塑造以及实践能力的提升。课内外一体化教学模式使学生在更大的平台中学习与交流，为学生自主选择足球锻炼内容和活动方式而提供良好的机会与空间，使学生参与校园足球活动的多元需求得到满足。

第五节　校园足球教学评价的落实

一、校园足球教学中教师教学的评价

(一)评价内容

在校园足球教学中,对教师的教学进行评价,主要是评定教师的工作完成情况,包括完成的数量、质量和工作价值。在教师教学的评价中,应重点对其专业素质和课堂教学组织情况展开评价。

1. 专业素质评价

对足球教师的专业素质进行评价,主要包括下列三个方面的内容。
(1)职业道德

在职业道德方面,主要评价教师的敬业精神,评价教师是否尊重学生和热爱教育事业。

(2)教学能力

对足球教师的教学能力进行评价时,应着重评价以下能力。

第一,对足球教学内容的熟练程度。

第二,熟练掌握与灵活运用现代教育理论和先进教学方法的能力。

第三,体育教学基本技能。

第四,培养学生足球兴趣和终身体育意识与良好锻炼习惯的能力。

第五,运用现代教育技术对足球教学资源进行开发的能力等。

(3)教育科研能力

在教育科研能力的评价中,一方面要评价足球教师的学习能力,另一方面要评价其研究能力。

2. 课堂教学评价

评价足球课堂教学情况,应将发展性评价和结果性评价结合起来,目的是改进足球教师的教学工作,提高课堂教学效率和效果。具体评价过程中,要从课堂教学目标、课堂结构安排和组织、教学内容的适宜性、教学方法的合理性、师生互动情况、教学技巧运用情况及最终教学目标

达成情况等多个方面着手展开。

对足球教师进行教学评价,既可以评价一节课的教学情况,也可以进行阶段性评价,还可以从整个课程的教学情况出发展开评价。评价足球教师教学活动的有效性,主要是看教学结果是否达成了教学目标,这主要从学生的学习结果中反映出来。此外要重视对比性评价和过程性评价,即评价学生学习前后的差别及其在学习过程中的态度和进步情况,这些都能真实反映教师的教学情况。

(二)评价形式

在足球教师教学的评价中,要从足球课程要求和开展现状出发而制定足球教师专业素质评价量表和足球教师课堂教学情况评价量表,展开定量评价,同时要结合学生评述和教师自身的评述来进行定性评价。

1. 教师专业素质评价形式

在这方面的评价主要采用定量评价、阶段评价、综合评价、自评、他评(专家、同行)等几种形式。

2. 课堂教学评价形式

在这方面的评价主要采用下列两种形式。
(1)即时性评价
这是一种教师自评的方式,在每次足球课结束后,教师简要评述本节课的情况,以总结为主。
(2)阶段性评价
阶段性评价以总体评价为主,评价主体可以是专家、同行,也可以是学生,每学期随机评价若干次,将定性评价和定量评价结合起来。定量评价以分析和对比学生的成绩为主要标准。

阶段性评价的结果要及时向评价对象反馈,并提出适宜的整改建议,为足球教师提供参考。

二、校园足球教学中学生学习的评价

(一)评价目的

在校园足球教学中主要由于以下几方面的目的而对学生学习进行

第五章 校园足球教学的有效实施

评价。

第一,对学生的学习表现加以了解,清楚学生的学习情况与学习目标之间的差距。

第二,对学生在足球学习中遇到的问题加以了解,并分析原因,从而对教学过程加以改善。

第三,通过测验进行评价,使学生有机会展示自己的个性和足球运动水平,鼓励学生勇于表现自己。

第四,对学生的自我认识、自我反省和自我改进意识进行培养。

(二)评价内容

学生学习的评价内容包括三个方面,分别是侧重于横向水平能力评价的"技能性评价""素养性评价"和侧重于纵向进步评价的"发展性评价"。

1. 技能性评价

技能性评价主要是评价学生的足球专项体能素质、足球技战术能力,评价时主要参考足球教学的运动参与目标、运动技能目标和健康目标。

2. 素养性评价

素养性评价主要是评价学生的道德和审美素质,主要参考的是足球教学中的心智健康目标和人文素养目标。具体评价内容包括学生的运动心理、团结协作意识与能力、社会责任感、对足球美学的认识与运用等。

3. 发展性评价

发展性评价属于动态性评价,以阶段性评价的形式展开,主要用于纵向对比学生的进步情况。

(三)评价形式

从评价主体来看,评价形式主要有学生自评、学生之间互评以及以教师、家长为主体的他评。

从评价方式来看,既有定性评价(评语式),也有定量评价(分数等级式),既有即时性评价,也有阶段性评价。

第六节　校园足球理论课与实践课的实施要点

一、足球理论课的组织与实施

足球理论课主要教学任务是让学生掌握足球基本理论知识,如足球技战术理论,足球发展历史,足球教学、训练、裁判、竞赛等理论,使学生做到理论联系实际,用理论指导实践。

足球理论课以室内课堂教学的组织形式为主,教学过程中以教师讲授为主,辅之以课堂讨论,以激发学生兴趣。理论课教学安排如下。

首先,以提问或讲述的形式引出前次足球课的教学内容,为引出新授课的内容做好铺垫。

其次,讲授本次课内容,重点强调教学重难点,采用提问、作业等形式强化学生对重难点教学内容的理解和掌握。

最后,在结束部分,简要总结本次课的主要知识点,布置课后作业。

二、足球实践课的组织与实施

足球实践课教学包括下列三个组成部分。

(一)准备部分

准备部分主要采用集体组织方式,重点安排一些热身活动,如走跑练习、基本体操、控球练习和具有引导性、针对性、激励性的足球游戏等,以活动身体关节为主。另外,还可以安排简单的专项热身练习,如足球基本技术练习。教师应根据实际情况而适当调整准备活动的内容。

(二)基本部分

足球基本部分教学要围绕本节课的重点教学内容展开,结合教案和学生情况来选择教学方法和手段,同时还要布置作业练习。本阶段教学方法以讲解与示范、练习和纠正错误等为主,使学生巩固知识,掌握新内容。

基本部分的教学步骤一般为先学习新内容,然后巩固已学内容,最后进行足球教学比赛和提高身体素质的练习。

在基本部分要合理安排教学时间,有序增加运动负荷量,提高练习质量和效果。另外,教师要观察学生的练习情况,详细记录,及时纠正错误,不断提高足球教学效果。

(三)结束部分

在结束部分主要安排一些放松练习活动,教师根据基本部分的练习强度与密度等,安排慢跑;简单的运球、传球游戏等低负荷练习。放松活动结束后,简要总结和评价本次课总体教学情况,肯定学生的进步,指出不足。最后布置课后作业。

第六章　校园足球技战术教学研究

足球技术和足球战术是校园足球教学的主要内容，主要在足球实践教学课上予以实施。通过进行足球技战术教学，有助于实现运动技能层面的足球教学目标，使学生掌握足球基本技战术，具备基本的足球运动能力，提升健康水平，并通过科学练习而提升足球技能水平，从而为培养学生的足球运动习惯打好技能基础。本章主要对校园足球技战术教学展开研究，简单介绍足球课准备活动与整理活动的内容，重点分析足球基础技术和战术的动作教学与练习方法。

第一节　足球课准备活动

一、准备活动的目的与作用

（一）准备活动的目的

在校园足球实践课教学中，首先要在准备部分安排一些简单的准备活动，目的是使学生保持良好的兴奋状态，将注意力集中到课堂上来，对本节课的教学目标、教学内容、教学要求有所明确，从身体和心理上都做好学习新内容的准备，并通过充分活动肢体而预防损伤发生。

（二）准备活动的作用

足球课上的准备活动具有以下几方面的作用。

（1）使呼吸频率加快，供氧系统功能提升，促进氧运输系统功能活动的增强，使吸氧量、肺通气量、心输出量增大，促进骨骼肌和心肌中毛细血管舒张性的提升，从而有更多的氧和能量供应于工作肌群。

第六章　校园足球技战术教学研究

（2）强化对中枢神经系统兴奋性的激发，促进神经传导速度的加快，使身体各器官组织快速进入与适应运动状态。

（3）使肌肉黏滞性减弱，促进肌腱、肌纤维伸展性和弹性的增加，有效预防运动伤害。

（4）使肌肉尤其是深层肌肉的温度升高，对血液循环产生积极影响。

（5）促进大脑皮质中有关中枢的神经联系的增强，使之不断巩固，从而巩固学习成果，加深学习记忆。

（6）使皮肤的血流循环量增加，起到散热的作用。

二、准备活动的内容

足球技战术教学中，准备活动环节通常组织学生进行如下活动。

（一）跑步

在正式进行足球技战术教学和练习前，让学生先慢跑几分钟，根据实际情况来安排跑的距离，学生跑到身体稍微出汗时停止。通过跑步可以将身体器官机能的运动状态唤醒，使体温提高，起到良好的热身作用。

（二）动力性牵拉练习

动力性牵拉练习的主要活动方式是肌肉连续伸缩弹动，对刺激肌肉整体活动、促进神经系统的协调有较好的效果。在动力性牵拉练习中可以采用行进间热身操的方式，有助于锻炼学生的协调能力。

（三）足球操

结合足球基本技术而创编的足球操也是足球准备活动中的常见内容，练习方法如下。

1. 脚内侧踢球

预备姿势：
两脚并立，立正姿势。

一个 8 拍:

1 拍:左脚前移成左弓步姿势。

2 拍:重心放在左脚,抬右脚用脚内侧踢球。

3 拍:右脚还原。

4 拍:左脚还原,恢复预备姿势。

5～8 拍同 1～4 拍,方向相反。

2. 正脚背踢球

预备姿势:

两脚并立,立正姿势。

一个 8 拍:

1 拍:左脚前移成左弓步姿势。

2 拍:重心放在左脚,抬右脚用脚背踢球。

3 拍:右脚还原。

4 拍:左脚还原,恢复预备姿势。

5～8 拍同 1～4 拍,方向相反。

3. 头顶球

预备姿势:

两脚并立,立正姿势。

一个 8 拍:

1 拍:左脚向左前方 45°移动成侧弓步,身体重心顺势置于左脚上。

2 拍:身重心向后移,准备头顶球。

3 拍:身体向前倾,头向前完成原地顶球。

4 拍:还原成预备姿势。

5～8 拍同 1～4 拍,方向相反。

4. 停空中球

预备姿势:

两脚并立,立正姿势。

一个 8 拍:

1 拍:左腿屈膝向左侧抬起。

2拍：左腿向内侧移至身体正前方，成正面高抬腿姿势。
3拍：左腿向外侧移动完成停空中球动作，然后恢复1拍动作姿势。
4拍：还原成预备姿势。
5~8拍同1~4拍，方向相反。

三、准备活动的时间与强度

（一）准备活动的时间

准备活动的时间一般以10分钟左右为宜，可根据课堂教学内容、学生实际情况而适当调整。准备活动的时间过长或过短都不合适，如果过长，学生在准备阶段会消耗较多的能量，从而对后面的学习造成影响；如果过短，学生可能因为准备活动不充分而在后面的练习中发生损伤。

（二）准备活动的强度

按循序渐进的原则来安排准备部分的运动强度，由小到大逐步增加强度，以身体稍微出汗为宜。

第二节 足球基本技术教学与练习方法

一、运球技术教学与练习方法

（一）运球技术教学

1. 脚内侧运球

运球前进时支撑脚位于球的侧前方，始终领先于球，肩部指向运球方向，支撑腿膝关节微屈，重心放在支撑腿上，另一侧腿提起屈膝，用脚内侧推球前进，然后运球脚着地。

2. 脚背外侧运球

运球时身体保持正常跑动，步幅不宜过大，上体稍前倾，运球腿提起,髋关节前送,膝关节稍屈,提踵,脚尖绕矢状轴向内旋转,使脚背外侧正对运球方向,在运球脚落地前用脚背外侧推拨球的后中部。

(二)运球技术练习方法

1. 人球分过

(1)练习方法

在练习场地设置若干相互间隔5米的标志杆,学生持球站在第一根标志杆前进行绕标志杆运球练习,运球到标志杆前时把球踢向标志杆左侧而自己从右侧跑过控球,或把球踢向标志杆右侧而自己从左侧跑过控球,总之人与球要各自从杆的两侧通过,如此运球经过所有标志杆,反复练习。

(2)练习要求

①教师先做正确的示范,使学生对动作结构有所明确。

②学生向标志杆一侧推球时要在距离标志杆2米左右处就开始推球,不能离标志杆太近的时候再推球,否则容易碰撞标志杆或不能顺利运球绕杆。而且向标志杆一侧推球时重心向反方向倾斜,以调整重心,顺利从标志杆另一侧跑过而及时控球继续运球。

③练习初期,可以适当拉大相邻标志杆的间距,或减少标志杆的数量,熟练这一练习后,标志杆之间的距离可缩短一些,标志杆的数量也可以多一些,增加练习难度。

④向标志杆一侧推球时不能太用力,要控制好力量和速度,这样才能保证人从标志杆另一侧跑过后可以及时控球。

⑤练习水平提高后,将标志杆用防守队员替代,进行对抗性练习,提高练习的强度和趣味性。

2. 运球变速过人

(1)练习方法

一名学生持球运球,另一名学生抢截防守,运球方式以直线运球为主,当防守者在运球者侧面防守并伺机抢截时,运球者用脚内侧扣球停止运球;当防守者突然停下来时,运球者快速起动用脚内侧推球继续向目标方向运球前进。

（2）练习要求

①教师做正确而完整的示范,使学生对动作的结构与关键有所明确。

②运球过人的效果主要取决于扣球急停和起动推球跑的动作质量,要根据防守情况而控制急停时机和起动节奏。

③左右脚交替运球。

④隐藏变速节奏,不要被轻易识破。

二、踢球技术教学与练习方法

（一）踢球技术教学

1. 脚内侧踢定位球

以右脚踢球为例,先助跑,右脚脚尖正对目标方向,接近球后,右脚尖翘起,脚掌平行地面,以右脚内侧踢球。双臂配合前后摆动(图6-1)。

图6-1 脚内侧踢定位球

2. 脚背正面踢定位球

以右脚踢球为例,直线助跑,屈右膝,右腿后摆,接近球时,右小腿爆发式前摆,以脚背正面踢球后中部。然后身体继续前移,直至重心稳定,身体平衡(图6-2)。

图 6-2　脚背正面踢定位球

3.脚背正面踢侧面半高球

以左脚踢球为例,身体侧对目标方向,身体右倾,左腿上抬并快速向前摆动,以左脚脚背正面踢球中部(图 6-3)。

图 6-3　脚背正面踢侧面半高球

(二)踢球技术练习方法

1.各种踢球技术动作的模仿练习

设想地面有一目标(足球),跨步上前做踢球动作,然后过渡到几步慢速助跑的踢球模仿动作练习,最后可做快速助跑踢球的模仿动作训练。

2.踢定位球练习

可对着足球墙、足球网练习,也可采用各种形式的对练,练习距离由近至远,练习重点放在动作协调性和准确性上。

三、接球技术教学与练习方法

（一）接球技术教学

1. 脚背正面接球

以右脚接球为例，左脚支撑重心，右脚上抬接球，脚背触球后右腿收回（图6-4）。

图6-4　脚背正面接球

2. 脚内侧接球

以右脚脚内侧接地滚球为例，屈右膝，右脚稍抬离地面，触球后右脚着地，并稍向上提，使球向身体侧对方向缓缓滚进（图6-5）。

图6-5　脚内侧接球

3. 大腿接球

面对来球，根据球的落点迅速移动到位，接球腿屈膝抬高，当球和大腿接触的瞬间大腿下撤将球接到需要的位置上(图6-6)。

图 6-6　右腿接球

（二）接球技术练习方法

1. 跑动中迎球接球

（1）练习方法

3人一组,两组练习者相距12米面向而立,A组排头练习者持球向B组排头练习者传球,传球后跑回A组队尾。B组排头练习者向来球方向迎球接球并向A组第二名练习者回传,同时跑回B组队尾。后面的练习者按同样的方法依次练习。

（2）练习要求

①接球的练习者要先做突然起动、跑等摆脱动作,然后接球回传,要对练习者的摆脱意识予以培养。

②找准踢球点,准确完成传地滚球。

③熟练球性后跑动传接球速度逐渐增加。

④跑动、接球、回传的动作一气呵成,协调连贯。

2. 接应对抗传接

该练习能够促进学生接应能力和摆脱防守的意识的提高。

（1）练习方法

将练习者分成两队,每队各3人,两名目标球员分别站在练习区域两端,两队练习者在规定区域来回对抗传接球,目的是成功向目标球员传球。

（2）练习要求

①两队练习者接目标队员传来的球时,要快速跑动,灵活摆脱防守,方法有急停、急转等。

②练习者接球后尽可能伺机转身向另一名目标球员传球,既可以通过个人突破来完成,也可以通过与同伴的配合来成功传球。

③注意观察,相互配合,准确传球。

④目标球员每接到一次球后向对抗区域传球或运球,与对应的练习者调换位置,继续练习。

⑤合理对抗,注意安全。

四、射门技术教学与练习方法

（一）射门技术教学

1. 直接射门

直接射迎面来的地滚球时,主动上前迎球踢球,支撑脚着地较球靠前,留取一定的提前量,可用脚背正面,脚背内、外侧和脚内侧踢球等方法射门。射门时身体稍前倾,摆腿时前摆幅度不要太大,击球的后中部,以保证射出的球的高度不超过球门横梁。

2. 运球射门

运球至最后一步,推球力量稍大,距离稍远,以便助跑发力。由于运球射门时球是向前滚动的,所以支撑脚着地较球靠前,留出一定的提前量,运用脚背正面、脚背内外侧踢球的方式射门。

（二）射门技术练习方法

1. 横向跑动争抢球射门

（1）练习方法

3名练习者组成一组,两组练习者间隔10米左右的距离在罚球弧两端做好抢球准备,教师向罚球弧中间传球,两端的两组练习者及时跑到中间抢球,抢到球的一组伺机射门,另一组抢截防守。

（2）练习要求

①教师用适度的力传球,尽可能将球传向罚球弧中间,使两侧的两组练习者抢球机会均等。

②抢到球的一组练习者把握好机会,伺机射门,不能因为抢到球而过于兴奋忽视了射门的任务,而且即使抢到了球也随时可能被抢断球。

③没抢到球的一组练习者在规则允许的范围内抢截防守,阻拦对方射门。

④抢球后射门很关键,攻守双方都要打好配合战。

2. 一对一抢点射门

（1）练习方法

练习场地为20米×20米的平坦场地,场地上有标准移动球门,3名练习者为一组,两组练习者一起练习,如A组和B组各有3名练习者,两组各派两名练习者站在训练场地的四个角处并各持一球,剩余两名练习者在场地中间担任进攻者和防守者。开始练习时,A组持球者传球给场地上的同伴,同伴接球后伺机射门,此时B组站在场地中间的队员作为防守者积极防守,直至A组队员顺利射门或B组队员成功抢截球后结束该练习。然后B组持球者向场地中间的队友传球,按同样的方法练习。场地中间的练习者和站在角上的练习者互换位置练习。

（2）练习要求

①进攻者射门后立即转变角色,成为防守者而拼抢对方的球。

②防守者拼抢球要积极,进攻者要抓住机会摆脱防守,成功射门。

③练习者在规则允许范围内可以用身体多个部位抢点射门。

④逐渐增加对抗难度,如增加防守者的数量或在更大的场地上练习。

3. 两次摆脱跑位争抢球射门

（1）练习方法

在罚球区及中圈之间并排放两根间隔15米的木杆,两组练习者在木杆后的站位均与木杆间隔10米。教师发出口令,两组排头练习者立即起动向两侧木杆跑进,直至平行于木杆时,教师传球,两名练习者急停转身抢球并射门,没抢到球的练习者积极防守。

（2）练习要求

①练习者注意力高度集中,听口令后快速起动,并准确把握来球方向,做好急停转身抢球的准备。

②双方要在规则允许的情况下积极争抢球,成功抢球后将球保护好,伺机射门。

③安排一名守门员,增加射门难度。

④教师用适度的力传球,保证练习者抢球机会均等。

五、守门员技术教学与练习方法

(一)守门员技术教学

1. 准备姿势

两脚开立,两腿屈膝并稍内扣,脚跟稍提起,前脚掌支撑重心,上体稍前倾。两臂于体前屈肘,双手自然张开,掌心相对,目视来球(图6-7)。

图6-7　准备姿势

2. 移动

守门员为了堵截对方的传球和射门,必须根据对方射门前球和人的位置变化而调整左右移动,移动方式主要是侧滑步、交叉步。

3. 接球

以接平空球为例,身体正对来球,两脚开立,上体稍前倾,两臂下垂并屈肘前迎,手掌对球,手触球瞬间,两臂后引并屈肘,顺势抱球于胸前(图6-8)。

图 6-8　接平空球

4. 托球

预判来球运行轨迹,然后向后跃起,离球近的一侧手臂向后充分伸展,五指稍张,以前掌托球(图 6-9)。

图 6-9　托球

5. 拳击球

在没有把握接住球的情况下,为了避免接球脱手,采用拳击球。准确预判来球运行轨迹,快速移动到位,手握拳,来球靠近后用拳击球(图 6-10)。

第六章 校园足球技战术教学研究

图 6-10 拳击球

(二)守门员技术练习方法

1. 快速移动中扑接球练习

(1)练习方法

场地中设若干障碍物,守门员与教师各站于一侧,教师持球。练习时,守门员快速跳跃及躲闪障碍物后立即扑接教师射来的球。

(2)练习要求

①守门员听口令后开始起动。

②守门员以最快速度通过障碍物、马上做出扑球的准备动作。

③守门员紧盯教师踢出的球,果断倒地扑接球。

④守门员扑接球动作要准确。

2. 扩大防守区域练习

(1)练习方法

教师持球从不同角度向罚球区传球,守门员在球门前做好准备,目视来球而迅速出击,在罚球区内直接将球踢向预定地点。

(2)练习要求

①守门员不能用手碰球。

②教师传球要富于变化,将高低不同的传球和快慢不同的传球结合起来。

③守门员目视来球方向迅速出击。

④守门员适当调整自己的姿势,准确朝预定地点踢球。

⑤守门员采用不同的脚法踢球,要根据对来球的判断而选择适宜的脚法。

3. 正确选位及扑接各种来球的练习

(1)练习方法

站在罚球点的教练员持球准备射门,守门员在球门前站好,做好扑接准备。教师采用不同的方式以不同角度射门,守门员根据来球情况而选择扑接方式。例如,教师向左射地滚球,守门员向左侧倒地扑接地滚球;教师向右射半高球,守门员向右鱼跃扑接半高球;等等。每完成一次扑接球,守门员都要再次调整站位,为下一次扑接球做准备。

(2)练习要求

①守门员站位合理,这是扑接球的基础。

②以准确、规范的技术方式完成扑接球。

③提高扑接球的质量。

第三节　足球基本战术教学与练习方法

一、足球进攻战术教学

(一)个人进攻战术

1. 传球

传球是足球比赛中运用最多的技战术手段之一。为了更好地达到预期的传球效果,要培养学生良好的传球意识,使学生学会隐蔽传球意图、把握传球时机,提高传球的准确性。

2. 跑位

跑位是无球队员在场上通过有意识的跑动,为自己或同伴创造进攻机会的行动。跑位时要突然起动,快速变向、变速,方法如下。

（1）套边跑

套边跑是从持球队员身后绕向外侧的跑动（图6-11）。

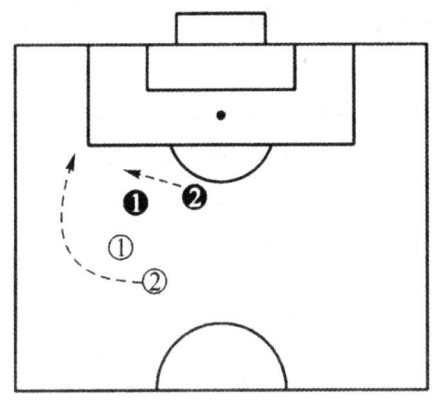

图6-11　套边跑

（2）身后跑

身后跑是一种插入到防守者身后的跑位，致使防守者很难观察进攻者的行动。❶号防守队员看不到插入身后的进攻队员，此时❷号防守队员必须死盯插入的进攻队员，从而失去了对❶号防守队员的保护（图6-12）。

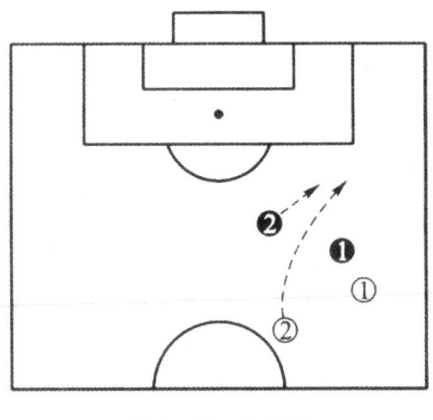

图6-12　身后跑

3. 接应

接应持球队员的同时，要考虑与持球队员的距离、角度与呼应。

（1）距离

接应的距离与接应时的场区、对方的防守压力有密切关系。比赛场地条件也影响接应距离。把握好接应距离是做好接应的重要保证。

（2）角度

选择接应角度应遵循便于传球和接球的原则，接应队员应根据场上对手的位置而调整角度，一般是靠内侧与持球队员形成一定的角度。

（3）呼应

呼应就是接应队员与同伴之间保持联系的信号，这也是接应技巧的组成部分。

4. 运球突破

运球突破是撕开对方的防线，创造以多打少局面的锐利武器，这也是创造传球机会和射门机会的有效手段。在运球突破时应注意以下几点。

（1）控制好球，护好球。

（2）把握好突破时机、距离和方向。

（3）运球逼近、调动、超越、摆脱对手等各个技术衔接紧凑。

（4）突破对手后，要及时射门或与同伴进行传球配合。

（5）机动灵活地运用运球突破战术。

(二) 集体进攻战术

1. 快攻战术

快攻战术是由守转攻时，趁对方来不及调整防守策略，通过简便快速的传递配合创造射门机会的战术。快攻战术具体有三种情况。

（1）守门员获球后，若对方三条线压得比较靠前，守门员迅速用脚踢给本方埋伏在对方后卫线附近的突击队员，或者用手抛给中场占据有利位置的同伴，创造快速突破的机会。

（2）在中前场截得对方脚下球迅速发动进攻。

（3）获得任意球，快速罚球也能形成快攻机会。

2. 阵地进攻战术

（1）中路渗透

①后场发动进攻。后场发动进攻的方法主要有守门员发动进攻（图

6-13)和后卫发动进攻(图 6-14)。

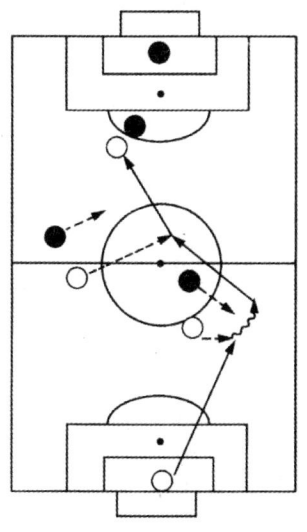

图 6-13　守门员发动进攻

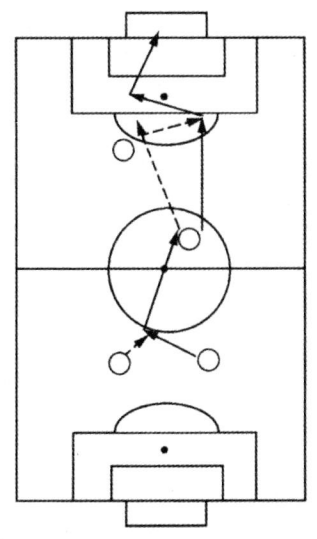

图 6-14　后卫发动进攻

②中场发动进攻。中场发动进攻是指中路渗透战术的配合主要由中场发动，前卫队员是核心角色。通常采用短传配合的方法实施中场发动进攻，并以各种二过一来摆脱防守。具体打法如图 6-15 至图 6-17 所示。

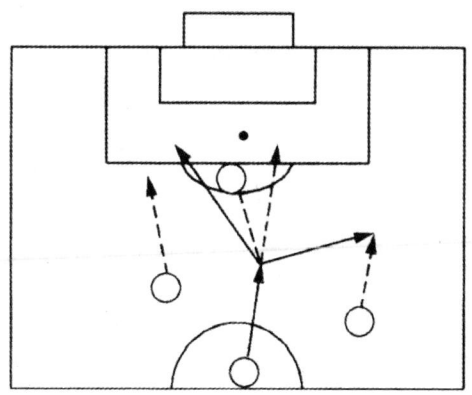

图 6-15　中场发动进攻一

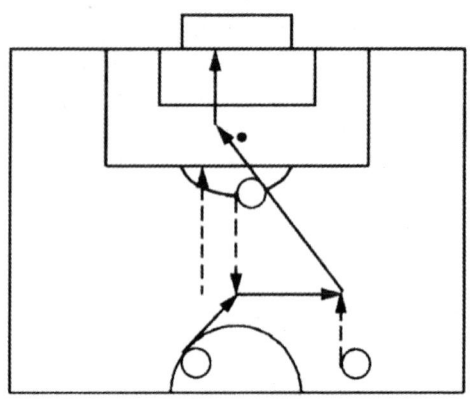

图 6-16　中场发动进攻二

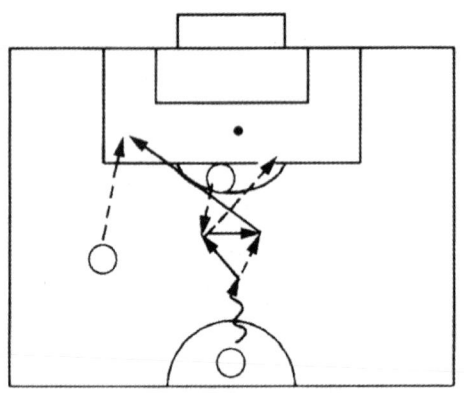

图 6-17　中场发动进攻三

（2）中边转移

当中路渗透没有达到目的后,及时往边路转移,目的是分散中路守方的注意力,然后通过边路突破再将进攻方向转到中路。通过中边转移可以打乱对方的防守战线,利用空当创造破门得分的机会。

二、足球防守战术教学

(一)个人防守战术

个人防守战术主要有以下几种形式。

1. 选位与盯人

选位是指防守队员在防守时选择合理的防守位置。防守队员一般应站在对方与本方球门中心所构成的直线上。盯人是在选位后,观察所要防守的对手,严密控制其进攻行动。选位与盯人应注意以下几点。

(1) 在进攻队员之前及时选位。

(2) 所选位置应位于进攻队员、防守队员和本方球门中点三点所成的直线上,并保持适当距离。

(3) 所选位置要与同伴组成纵横交错的三角或菱形网络队形。

(4) 以多防少或以少防多时,要灵活选位。

2. 抢球

抢球是指抢断或破坏对方控球。运用这种战术时,要保证集体防守的稳固性。抢球是一项重要个人技术,同时也代表了个人防守能力。抢球的基本要求是站位正确、距离合理、时机准确。

3. 断球

断球是从途中拦截对方的传球或破坏对方战术行动的行为。断球是转守为攻的一种最有效的战术行动。要设法快速反击,使对手来不及反抢。断球的要点是判断正确、位置合理。

(二) 集体防守战术

1. 人盯人防守

人盯人防守是指在比赛中每一名防守队员都盯住一个对手,并封锁对手的进攻线路,控制对手的活动和传球、控球的配合方法。这种战术的主要特点是在全场攻守中,两两对垒的情况让进攻队员在每个时间和空间中都处于压力中。

2. 区域盯人防守

区域盯人防守是防守方根据场上队员的位置分布,安排一名防守队员在一个区域进行防守,在对方队员跑到本区域时,积极展开防守,限制对手进攻的配合方法。使用这种防守战术时,要明确每位防守队员的职责,积极配合,若某一区域盯人防守失败时,邻近队员要及时补位,被突破的防守队员应及时与其换位,以实施整体有效的防守。

三、足球战术练习方法

(一)对抗练习方法

1. 接应练习

(1)练习方法

分组练习,每组 4 人,3 攻 1 守,3 名进攻者在边长 8 米的正方形场地上站成一个三角形,防守者站在三角形内积极抢截球,进攻者想方设法在最合适的位置完成接应。如果进攻者在传接球时出现失误,则与防守者互换角色,然后继续进行接应练习。

(2)练习要求

①练习场地范围固定,不可随意扩大。

②刚开始可进行 4 攻 1 守或 5 攻 1 守的练习,不限制触球次数。

③对于初学者,可提出两次触球的要求,熟练后将两次触球改为一次触球。练习时既要关注球,又要躲避防守。

④进攻者应有接球转身的习惯,加上同伴的接应,这样持球者的传球点就会有两个。

2. 局部攻防配合

(1)练习方法

练习区域为两个罚球区中间的场地,分两组进行对抗练习,每组 8 人,场地两端设小球门(高 2 米,宽 5 米),每个球门处有 1 名守门员。练习时,两组各派 4 人上场,其他人在本方罚球区内练习颠控球,场上的队员失球后,该组其余队员上场替换。

(2)练习要求

①教师要鼓励练习者进行具有创造性的进攻,让练习者认识到在进攻过程中"变"的重要性。

②防守方要加强紧逼防守,做一些比较凶狠的防守,体验足球运动激烈的对抗性。但注意要合理对抗,不能违背规则,不能将足球场作为发泄情绪的地方,要控制好情绪。

③在4攻4守练习中创造2对1的机会,把握机会达到攻守目的。
④培养练习者呼应的意识,把握好呼应的时机。
⑤要求练习者遵守越位犯规的规则。
⑥根据练习者多少而调整练习场地范围。如进行5对5练习、6对6练习、8对8练习等,练习人数增加时,可以在场地中路或边路练习。
⑦随着练习者足球水平的提升,要对其传球次数加以限制,如要求练习者一次传球成功或最多两次就要将球传出。

(二)比赛练习方法

采用比赛练习方法主要是为了促进球队整体攻守能力和配合能力的提升,提高比赛能力、随机应变能力和适应能力。一般要求按正式比赛的方法来开展练习,从而对学生的日常学习和训练效果进行检验,并从学生在比赛中的表现来发现其问题,及时指出问题,在日后教学和训练中强化不足之处的训练。

比赛练习中,要以整体战术配合为中心来设计主要练习内容,对科学的战术指导思想要严格贯彻,局部战术配合练习中要重点培养学生的灵活应变能力和解决突发问题的能力,从而总体提升学生的比赛能力,为以后参赛打好基础。

下面具体介绍几种比赛练习法。

1. 练习一

(1)练习方法

在专门的足球场地组织比赛,将练习者分成两队,教师担任裁判员。比赛时间半小时或45分钟,分两节或三节完成,重点对协同配合能力进行培养,引导两队进行有组织的攻与守。

(2)练习要求

①对整体配合予以强调,对练习者的集体主义精神进行培养。
②两队的每一位练习者都要对自己的角色、职责有所明确,对核心队员的作用要作重点强调,对前卫的助攻、回防及控制比赛节奏的能力进行培养。
③进攻或防守队形要尽可能接近正式比赛。
④鼓励练习者灵活应变,对自己掌握的技战术大胆运用,提升全体队员的自信。

2. 练习二

(1) 练习方法

练习方法同上,重点强调要将比赛节奏控制好。

(2) 练习要求

①进攻要有组织性、目的性,不能盲目进攻,在来回传球中寻找合适的进攻点,进攻点要有威胁性,两队要努力争取与控制球权。

②进攻点要经常变化,找到合适的、能够给对方造成威胁的进攻点后就要加快完成进攻。

③要求全体动起来,在移动中进攻与防守,将队形保持好。

3. 练习三

(1) 练习方法

练习方法同上,重点培养练习者创造与把握进攻机会的能力以及由守转攻的能力。

(2) 练习要求

①明确比赛任务与要求。

②控球队员先观察,再传球。

③守方不能一味被动,要积极拼抢,争取球权。

第四节　足球课整理活动

在足球课的最后进行整理活动是为了尽快使学生从运动状态向安静状态过渡,达到消除疲劳、促进身心恢复的目的。

一、整理活动的作用

足球课堂教学的结束部分安排整理活动,主要起到如下作用。

第一,使偿还氧债的速度加快,促进乳酸尽快消除,使肌肉酸痛症状得到缓解。

第二,使血液回流速度加快,促进心血管系统功能恢复正常,使疲劳及相关不适症状得到缓解。

第三,尽快恢复身体各系统及器官组织的正常功能,使身体机能水平得到提升。

二、整理活动的内容

整理活动有丰富的形式和多样化的内容,在安排活动内容时要考虑学生的疲劳程度,以相对轻松的活动为主,以免在疲劳状态下进行较为剧烈的活动而引起运动损伤。整理活动内容的安排应以消除疲劳和促进恢复为主要目的,围绕这一目的而设计活动内容更有效果。

在足球实践课的结束部分,教师可以组织学生完成以下整理活动。

(一)慢跑

慢跑是常见的整理活动之一,适合作为很多运动项目教学的整理活动。这项有氧活动简便易行,具有促进血液循环,对呼吸机能进行调节以及提高氧的利用率的效果。

(二)意念放松

教师以积极的提示语来暗示学生,学生静坐或自然站立,双眼微闭,按提示语来放松自己的身心。

(三)缓慢牵拉

在整理活动环节进行缓慢牵拉练习,有助于缓解肌肉疲劳。足球运动教学中,学生主要牵拉大、小腿屈伸肌;腹肌、腰背肌等易发生疲劳的肌肉部位。

需要注意的是,在课上担任守门员角色的学生在课的最后要牵拉全身肌肉和关节。

(四)按摩

按摩是一种非常和缓的、放松的且行之有效的恢复措施,课后以按摩作为恢复手段,有助于促进肌肉疲劳的恢复和肌肉工作能力的提升。

在运动中承载负荷最大的肌肉部位是主要按摩部位。

（五）游戏活动

有趣的游戏往往能够激发学生的参与热情，使学生积极主动地参与其中，有助于促进身心疲劳的消除和调节精神，使学生保持轻松愉悦的状态。简单的足球游戏还能培养学生对足球运动的兴趣。

三、整理活动注意事项

（一）动静结合

牵拉是足球课整理环节最为常见的活动内容，牵拉练习包括静力性牵拉练习和动力性牵拉练习，应将二者结合起来，但要以前者为主。

在牵拉伸展练习的过程中，要缓慢完成伸展动作，保持适宜的伸展幅度。在持续牵拉中，当肌肉没有紧张感时，牵拉幅度应大一些，有时要达到最大幅度，使牵拉肌肉保持适度的紧张感。

（二）牵拉时间适宜

完成主项练习后，在体温还比较高时就要立即做静力牵拉练习，如此能够达到较好的练习效果。对活动肌肉、关节和韧带进行牵拉时，当牵拉到最大幅度时要保持 10~20 秒，然后还原，重复 2~3 次。一般要根据负荷量大小来决定牵拉多久、重复几组。

（三）掌握好运动量

整理阶段不需要安排大量活动，如果感觉肌肉已无明显疲劳感，呼吸恢复正常，心率平稳，也没有其他不适症状，那么整理活动就可到此结束了。一般在足球课的最后 5 分钟安排少量的整理活动。

第七章　校园足球游戏课教学实施

校园足球的教育活动在我国已经开展多年,随着各地对校园足球的广泛推广与深化的进行,整体上已经取得了非常出色的成绩。在这一过程中,我们的教育工作者对于教学方式与教学内容也在不断地进行优化和提升,特别是学界对校园足球育人价值的不断研究,发现就校园足球这一载体的价值挖掘方面还存在很大的空间。而校园足球游戏就是其中一个非常重要的分支体系,校园足球游戏具有不可替代的教育价值和教育功能,因此在近年来得到学界与教育工作者的广泛关注。本章通过对足球游戏、足球游戏的设计以及校园足球游戏方法与组织三个方面进行深入研究,试图从游戏的理论依据、游戏的价值与意义、游戏设计的原则和方法以及一些重要的校园足球游戏的组织方法进行详细阐述,以期对近些年来有关校园足球游戏的研究进行深入、彻底的分析和整理,希望能为我国的校园足球以及校园足球游戏的教学提供有力的参考和依据。

第一节　足球游戏

一、有关游戏的当代理论

足球游戏作为一种既具有足球运动属性同时又具有游戏属性的体育娱乐活动,在对其进行学习和应用之前,有必要首先从理论层面对足球游戏进行认识和理解。截至目前,有关游戏的理论可分为经典的游戏理论、心理学中的游戏理论以及社会文化历史学派的游戏理论。然而就足球游戏的特征而言,与之关系最为密切的是心理学流派的游戏理论。

以下将重点从精神分析流派和认知发展流派两个方面研究。

(一)精神分析流派的游戏理论

在现代西方心理学流派中,精神分析学派是最重视游戏研究的一个流派。精神分析学派关于游戏的理论源自弗洛伊德的人格理论基础。

1. 弗洛伊德关于游戏的理论

弗洛伊德认为,在个体的发展过程中,人的"本我"和"超我"从对立到逐步达到平衡需要一个发展的过程,而游戏会是一个重要的调节机制,可以说游戏是儿童人格完善的主要途径。在弗洛伊德看来,现实和游戏是两个对立面。将游戏与现实进行分离,巧妙地使儿童避免了现实的约束,从而可以在游戏的氛围里让"本我"进行充分的表达,对"本我"和"超我"的要求进行调节,逐渐化解彼此之间的矛盾冲突,最终实现人格向着健全方面不断发展。

精神分析流派对游戏理论具有重要的贡献,它主要体现在以下三个方面。

(1)以人格发展理论作为游戏研究的理论背景,这对后来的游戏研究产生了重大的影响。

(2)认为游戏对于儿童在发展健全人格、健康心理以及向成人生活过渡过程中具有重要意义。并极大地推动了人格及行为矫正技术,特别是游戏治疗理论及方法的研究和应用。

(3)精神分析学派认为,个体的早期生活经验对健康的成年生活起着重要的作用。它在一定程度上推动了人们对儿童早期发展与教育的重视,强调想象性游戏在儿童早期发展中具有积极意义。

(二)认知发展流派的游戏理论

皮亚杰开创了从儿童认知发展的角度研究儿童游戏的新途径。儿童认知发展的游戏理论的主要观点如下。

1. 游戏的本质是同化超过顺应

皮亚杰认为,游戏是智力活动的一个方面。由于儿童在早期阶段其认知结构还未完全发展成熟,因此,需要不停地在同化与顺应之间进行协调或者平衡。比如,当顺应超过同化时,即外部影响超过自身能力,儿童采取的对策是模仿。而当同化超过顺应时,即主体不顾客观情况,而以自我需要为重心去"改变"现实,这种现象就是游戏的特征。也就是说,在认知发展理论看来,游戏的本质是同化超过了顺应。

2. 游戏与个体的认知发展息息相关

皮亚杰指出,游戏的发展随着认知的发展而变化,并且具有连续性、阶段性、独立性和偶然性的特点。当认知发展到不同阶段,游戏也发展出不同的水平。并且,皮亚杰把游戏划分为三种水平,即练习性游戏、象征性游戏和规则性游戏。练习性游戏是以感知动作的训练为主,游戏形式大都表现为个体为了获得某种愉快体验而单纯重复某种动作或运动;象征性游戏是指以假装为主要特征,主要表现为个体开始把符号物与被符号物所表示的事物联系起来,以物代物,以人代人,以假想的情景和行为反映客观的现实和主观的愿望。象征性游戏是幼儿游戏的典型游戏;规则性游戏是象征性游戏的结束期。由于个体在这一阶段发展出较为成熟的语言及逻辑运算能力,从而逐渐摆脱了自我中心化,个体的认知水平具有了一定的概括、判断、比较、推理等能力。因此,游戏规则的制定、理解和共同遵守,以及对规则的执行情况的判断与合理评价都成为可能。

3. 游戏的功能:以同化作用改变现实,满足自我的情感需要

皮亚杰认为,儿童需要游戏,主要是因为儿童还难以适应现实世界。而在游戏中既没有强制也没有处分,通过游戏可以满足儿童在现实中难以得到满足的愿望。由此,游戏的主要功能就是满足儿童在情感方面的需要。游戏是儿童解决情感冲突的一种重要手段。皮亚杰关于儿童游戏的研究,为日后人们对儿童游戏的研究提供了非常有价值的启示。

二、足球游戏的概念

目前对于足球游戏还没有明确的概念,普遍认为除了正规的竞技足球之外的任何形式的足球活动,都可以看作是一种足球游戏。常青在

《试论足球游戏在大学足球教学中的合理运用》[①]中指出,足球游戏是将足球运动中的技术动作以游戏的形式进行创编,激发学生学习足球知识的积极性和主动性,达到事半功倍的效果。足球游戏主要是为了营造一种学习氛围,从激发学生学习兴趣和获得良好学习效果开始,足球游戏辅助教学的运用不仅符合现代体育寓教于乐的教学理念,而且有助于激发学生的学习兴趣,更全面提高技战术意识水平,培养团结互助的集体主义精神[②③]。

值得提出的是,早在我国的春秋战国时期,齐国就出现了蹴鞠运动,蹴鞠在当时是一种大众娱乐项目。它是指一种用皮革炮制、里面填充毛发一类有弹性的物质而做成的小球。在汉代,蹴鞠已经成为一种平民式的休闲娱乐活动,具有明显的大众性和娱乐性的属性。

三、足球游戏的特点

(一)足球游戏的随意性

与竞技足球相比,足球游戏可以最大限度地摆脱足球运动中各项高度严格的标准和规则,从而具有相当大的随意性。足球游戏没有严格的人数、场地、时间等方面的限定,人数多有人数多的玩法,人数少也有人数少的玩法,非常自由随意。因此,足球游戏可以在多种条件下举行,其趣味性会随着人数的增加而增加。游戏强度也高度可控,一般而言,增加趣味性的同时意味着游戏强度也会随之加大。足球游戏常常用于校园足球训练中作为热身或者放松的目的。足球游戏对于足球初学者是很好的入门活动,可以在短时间内提高学生对足球的学习兴趣,还能加强学生对足球训练的理解,以及提高学生的训练积极性,缓解他们的训练压力。

---

① 常青,李欣.试论足球游戏在大学足球教学中的合理运用[J].神州,2013(34):48.
② 王文通.足球游戏教学特征与运用方式新探[J].哈尔滨体育学院学报,2006(6):88-89.
③ 张小兵,张世刚,沈国征.试论足球游戏在足球训练中的作用[J].山西师大体育学院学报,2008(S1):141-142.

（二）足球游戏的趣味性

作为一种体育游戏，足球游戏在设计的时候以趣味性为基本原则之一，其目的就是通过足球游戏使学生充分地放松身心，在没有过多学习压力的情况下，反复练习一些足球技能。由于熟练掌握一定的技巧可以更利于赢得游戏，因此会促进学生们努力练习，越练习越熟练，在游戏中获胜的概率就越高，于是形成一个正向循环。把学生们从单调、枯燥的技能训练中解放出来。相反，学生们在不知不觉中已经主动地完成了足球技能训练，而且过程非常有趣，让学生们得到愉悦的体验。由于足球游戏充满了趣味性，因此在校园中非常受欢迎，与其他竞技性体育活动相比，足球游戏对广大学生，尤其是中小学生具有很强的吸引力，甚至在假期等业余时间，学生们也会自发地组织起来进行一些足球游戏来丰富生活。

（三）足球游戏的目的性

足球游戏具有明确的目的，除了放松娱乐之外，更主要的是能全面提升学生的足球技能和综合素质。在校园足球的教学中，足球游戏是非常有力的教学手段，它可以弥补同学们因身体素质和身体条件的不足而无法正常完成的某些高难度训练。对于大多数的非职业足球运动员而言，足球游戏在足球训练中发挥着十分重要的作用。同时，由于校园足球面向的是大多数的普通院校的学生，这些学生主要面临的是升学与考试的压力。而通过足球游戏这一类灵活简单的体育游戏，可以很好地帮助学生缓解精神压力，达到促进身心健康的目的。

四、足球游戏的作用

（一）培养学生的足球兴趣

足球游戏的内容非常丰富，对应不同的足球技术或者战术都有多种形式的游戏类型。这对校园足球教学活动的开展起到了极大的促进作用。在足球的教学与训练中，在不同的阶段可以选择不同的足球游戏，有助于学生在正式学习高难度的足球技战术之前，以生动活泼的方式进行热身和演练，既减轻了学生的心理负担，又提高了学生的学习兴趣。让学生在掌握足球基本技能的同时，还感受到游戏带来的愉悦感，从而在轻松愉快的氛围中达到学习与健身的目的。

在进行足球游戏的过程中，学生以游戏的轻松心态融入集体活动中，为了完成游戏任务，同学之间积极配合、团结合作，在潜移默化中培养了他们的集体意识和协作能力。通过足球游戏这种"寓教于乐"的体育活动，有助于提升学生的学习热情，端正学生的学习态度，培养学生的积极性、主动性和创造性，有利于学生形成终身锻炼的意识。

（二）弥补教学资源的不足

足球游戏规则简单，技术难度适中，是非常易于推广的体育游戏之一。因为可以不受场地和器材的限制，足球游戏具有更大的适用性和传播性，特别是对于一些足球教学资源非常有限的地区和学校，可以很好地弥补这一现实问题，从而对我国广泛地开展校园足球的教学和训练起到了重要的衔接作用和促进作用。

由于足球游戏内容丰富、形式多样，可以满足不同性格、不同性别、不同年龄学生的学习需要。它巧妙地弱化了足球运动难度大、对抗性强和技术复杂等特性，降低了参加足球运动的门槛，让绝大多数学生都可以轻松进行足球游戏。尤其是在基础设施不够完善的地区，足球游戏的价值得到充分发挥。通过足球游戏，可以轻松克服原本因场地、设施、技术、人数等条件限制而阻碍足球教学的问题，从而提高了足球教学的范围和效率。

第二节 足球游戏的设计

一、足球游戏的设计目的

（一）有利于校园足球的教学

随着校园足球在我国的广泛开展，应当随之构建起促进足球教学、推动足球发展的一系列的环境条件。而与场地建设和文化建设相比较，开发和创编丰富的足球游戏，是最为简单有效的手段。由于足球游戏的随意性和目的性特点，可以对校园足球的教学活动起到有力的促进作用，为深化和提升校园足球教学效果提供助力。与正式的校园足球教学、训练和比赛相比,足球游戏非常轻松简单,既充满娱乐性,又可以锻炼技能,是对足球教学的一种寓教于乐的有力补充,非常适合于青少年身心发展特征。

小学阶段的足球游戏以激发学生的足球兴趣为主。通过一起进行足球游戏,让学生学会融入集体寻求合作的能力,同时激发学生的竞争意识。通过充满趣味性的足球游戏,可以很好地培养小学生的足球兴趣。足球游戏对于中学生的足球教学则起到很好的补充作用。中学生开始接触一些较为专业和有一定难度的技术训练,而足球游戏可以放在正式的训练之前作为热身,或者穿插在训练之间作为调节。一方面,学生们通过做游戏可以缓解紧张的神经,另一方面,在游戏的过程中练习一些足球技巧的应用,达到事半功倍的效果。其实无论是哪个年龄段的学生,都可以在体育课上或者课间进行一些简单的足球游戏,既可以锻炼身体、学习足球技巧,又能增进同学之间的感情,增强团队意识和竞争意识。由此可见,足球游戏对校园足球教学是一种非常有利的补充。

(二)有助于足球运动的普及

校园足球游戏是把足球的基本技术动作与游戏相结合而形成的,它强调的是以游戏的方式对校园足球进行推广和普及。足球游戏不仅可以发展基本的身体素质能力,掌握正确的足球技术动作,为提高足球运动能力打好基础,同时通过足球游戏提高学生练习的积极性,养成踢足球的好习惯,从而有助于足球运动在我国得到更广泛的普及和推广。

通过足球游戏特有的方法和规则,还可以养成同学们积极协作、遵守规则的意识。而且,足球游戏在具有趣味性的同时,又是以足球的专业技术为主要的游戏手段。因此,通过游戏的形式可以强化学生们的足球技巧和足球意识,这为足球运动的深度普及做好了准备。

二、足球游戏的设计原则与方法

(一)足球游戏的设计原则

1. 趣味性原则

足球游戏以游戏为基本定位,因此趣味性是游戏设计的出发点,也是核心诉求。只有有趣才能吸引更多的人主动参与,只有有趣才能使参与的人在精神上得到欢娱、充分放松,只有有趣才能让游戏的成败与否不再重要,让参与的人没有心理压力。因为趣味性,足球游戏真正做到了让学生们更加重视游戏过程,而非游戏结果,这是游戏的价值体现。因此,在游戏设计的过程中,要加强提高游戏的趣味性内容,比如加入多种辅助器械,或者设置一些有趣的环节,尽量让游戏更加生动活泼,从而调动起学生的参加热情和投入程度。同时注意规则要明确而且简单,如果规则过于复杂会降低游戏体验的趣味性。

2. 目的性原则

足球游戏除了趣味性以外,还有明确的目的性。其目的就是培养学生对足球运动的兴趣,学习一些基本的足球技术,从情感上拉近与足球运动的关系。因此,在设计足球游戏的时候,主要是根据足球的技术动作为游戏的基本手段,鼓励同学们通过熟练地使用足球技巧,从而在游戏中取胜。因此,对技术动作要有明确的要求,使学生们在做游戏的同时达到提高足球技术技能的目的。尽管如此,在设计足球游戏时要对技术动作的运动负荷、动作难度和活动方式等做合理的降低和调整,避免让游戏难度太大或者太复杂,反而事与愿违。另外,在游戏设计中还要注意设置一定的灵活性,比如参加人数、场地、器材等条件发生改变时要有相应的调整方式。例如,人数较多时,可增加组数,而不是降低每个人的练习密度。

3. 教育性原则

足球游戏属于校园足球教学的一个组成部分,因此具有教育性属性,在设计游戏时要秉持教育性的原则。简单地说,足球游戏是在足球教学中用于辅助教练进行足球教学的一种手段,它能够以比较简单和轻松的方式加强对学生的协作意识、竞争意识的培养,同时也是对足球技能的训练和提高。对于学生而言,进行足球游戏是一种放松活动,因此没有任何压力与负担,这对他们进一步学习足球技能起到了明显的促进作用。另外,通过足球游戏还可以培养学生的集体荣誉感、协作精神和竞争意识。总之,在设计足球游戏时要坚持教育性原则,让游戏具有一定的教育功能,而非仅仅一种放松娱乐的方式。

第七章 校园足球游戏课教学实施

4. 锻炼性原则

足球游戏设计中的锻炼性原则是指在游戏难度和动作负荷方面,应该具有适当的难度,并且有意识地针对身体的不同素质和不同技术动作进行编排。比如,以快跑、急停、跳起、追逐、躲闪等人体基本活动能力为素材,在游戏中能很好地锻炼学生的身体素质和基本运动技能。或者,以足球运动中的传球、过人等技术为基本素材进行设计,来提高学生的技术技能,达到加强训练的效果。

5. 安全性原则

作为一种体育游戏,足球游戏不可避免地具有一定的争夺性和对抗性,因此在设计游戏时应注意把握安全性原则。其根本目的是保证学生尽量不发生运动损伤或意外伤害。在游戏中,允许学生发生合理的身体接触或身体冲撞,但是应该加强安全意识,做好安全防护。在设计游戏规则时,应考虑到避免负荷过大或者过度争夺的情况发生。例如,在守门员游戏中,应对守门员做好保护措施,并要求射门者踢地滚球或低位球。或者,在有多组同学同时进行游戏时,要明确游戏路线,避免不必要的碰撞和伤害。

6. 针对性原则

足球游戏在设计之初要根据针对性原则,每一个游戏有明确的针对人群或者针对动作。针对性是校园足球游戏设计的基本原则之一。针对不同年龄阶段的学生,设计的游戏难度和游戏方式会有所不同。例如,在设计小学足球游戏时,针对头顶球技术动作设计的游戏训练要考虑到小学生颈部还相对脆弱,而头顶球技术难度较大,容易造成颈部受伤,所以小学生进行这个游戏时可以用网兜装着足球,悬挂在一定的高度让学生跳起来做顶球活动,这既保留了技术训练的目的,又降低了游戏难度,避免了小学生发生运动损伤的情况。类似的在设计传接球游戏、运球和抢截球游戏、射门游戏、守门员游戏、头顶球游戏、战术游戏、掷界外球游戏等的时候,都要考虑到针对性原则。针对性原则很好地保障了游戏的目的性、安全性、趣味性和教育性,让学生和教师在游戏的选择上更明确、更简单,同时也提升了游戏的效果。

7. 科学性原则

足球游戏的科学性是指在设计中要考虑到学生的年龄、体质、心理接受能力等因素,要充分地尊重人体的身心发展规律,从实际出发,选择适当的难易程度、练习密度和运动负荷。设计每一个游戏,都要以运动学、力学、心理学、生物学等基本依据,坚持科学游戏、科学训练。只有科学合理的足球游戏才能长期地被教师和学生所接受和喜爱,才能让足球游戏的作用得到充分发挥。

(二)足球游戏的设计方法

1. 程序法

程序法是指在设计足球游戏时是按照一定的逻辑和程序进行的,只有这样才能保证游戏的系统性、整体性,才能让足球游戏持续地产生作用、发挥价值。例如,在小学版的守门员技术游戏中有一个是"你攻我守",在设计该游戏时就是根据守门员的基本技术为设计逻辑,尝试让小学生们采用简单的守门员技术动作进行游戏。并且在游戏中练习专注力、判断力和抗压能力,体验守门员的角色职责,尝试守门成功或失败的兴奋感或挫败感。

2. 移植法

移植法是指在设计足球游戏的时候,首先将游戏素材按照内容、形式、规则等几个重要方面进行分类,然后对其中的某一个方面进行移植和改变,从而创造了新的游戏形式。在运用移植法的时候,往往要用到发散思维对原有的游戏形式进行大胆的想象和改变。例如,在设计足球的传球技术动作游戏时,可以将传球技术与保龄球的方式相结合,设计出"足式保龄球"游戏。以保龄球的规则练习足球传球技术的动作要领。经过简单的移植,让学生产生强烈的兴趣,并积极踊跃地参与游戏,因此逐渐提高了学生传球的准确性。

3. 模仿法

模仿法是指设计足球游戏时可以打开思路,从日常生活中、自然界中寻找灵感,通过模仿的方式来设计游戏。比如,很多小学生都非常喜欢小动物,那么可以模仿一些小动物的走、跑、跳、爬等行为方式来设计游戏。比较常见的有"鸭子抓螃蟹""小猴摘桃"等。通过游戏让学生体会模仿动物的乐趣,同时发展学生的协调性、灵活性,以及培养学生的观察能力和配合意识。以"鸭子抓螃蟹"为例,一般至少要有两组进行比赛。每三个人为一组,其中两人背靠背以手肘互相挽住,模仿螃蟹横着走路,另一名学生扮演"鸭子",动作要求是双手握住双脚踝,模仿鸭子的步态走路。游戏的规则是当游戏开始后,扮演"鸭子"的同学努力去捉其他小组的"螃蟹"。由于"螃蟹"是两名背靠背的同学扮演,逃跑时很容易因为方向不一致而拖慢速度,因此游戏过程非常有趣。

4. 组合法

组合法,顾名思义就是将现有的两种或两种以上的游戏组合为一个新游戏。例如"运球射门"游戏就是将原来的运球游戏和射门游戏进行有机组合,于是可以同时训练两项足球技能,增加了游戏的难度和趣味性。除了可以选择同种类型的技术动作外,还可以将不同类型的游戏进行结合,比如"绳梯跑射门"游戏就是将体能训练游戏和射门游戏相结合,同时锻炼了学生的体能、射门技术和脚下快速移动的能力。通过在快速运动的过程中进行射门,还锻炼了学生的反应能力。因此,可以通过组合法设计较为复杂的游戏形式,将多种身体活动和技术训练融为一体,可以锻炼学生的综合身体素质和足球技术技能。

(三)足球游戏的设计步骤

1. 明确游戏目标和游戏对象

设计足球游戏的第一步是明确两个核心要素。首先,需要明确游戏目标,即明确需要练习哪些技术或者哪些素质,以及明确要达到什么样的效果,这是游戏设计的前提与基础。其次,要明确设计该足球游戏是针对哪些对象,包括参与者的年龄、技能水平及身体条件等,只有了解了针对对象才能有针对性地设计游戏的难度和规则。比如,同样是练习传球的足球游戏,针对小学生的游戏难度和规则都要比针对中学生的更简单。而且,不同对象要重点发展的能力不同,有的游戏重在培养兴趣,有的游戏则具有训练技能的作用,因此,针对不同目的和不同对象会有非常不同的设计方案。不同年龄阶段的学生他们的认知能力、兴趣点也截然不同。比如,针对小学生可以多采用模仿法设计一些模仿动物动作的游戏,而针对中学生则可以多采用组合法设计难度略高、形式略为复杂的足球游戏。总之,只有明确了目的和对象,设计的游戏才具有针对性、时效性。

2. 选择素材

明确了游戏目标和游戏对象之后,下一步就是收集和选择游戏素材。在收集与选择素材的时候,其思路是以设计原则为依据,尽量选择质量高、易于接受和理解的素材,具体应该注意以下几点。

(1)选择有科学性的游戏素材

科学性是足球游戏设计的基本原则之一,也是判断事物是否符合客观事实的基本准则。在选择游戏素材时首先要认真研究游戏对象的身体、心理和社会适应等特点,根据这些特点来确定素材的适用性,以及它们是否能够起到发展游戏对象身体素质和运动技能的作用。因此,选择科学的游戏素材是设计校园足球游戏的基础,也是决定游戏质量的根本因素。

(2)选择有趣味性的游戏素材

趣味性是游戏的本质特性,也是游戏的生命所在。如果素材本身枯燥乏味,那么很难发展出有趣的足球游戏,也很难让游戏对象对足球运动产生兴趣。因此,在选择游戏素材时,趣味性是不可缺少的一个因素,并且能在游戏中充分地体现出来,使参与者因为注意力放在游戏的趣味性上,而弱化了对动作难度的关注,从而以一种轻松的心态进行练习,也就达到了足球游戏的目的。

(3)选择有针对性的游戏素材

可以说只要用心发现,那么足球素材取之不尽,但是为了保证工作效率,在选择素材的时候应该把握住针对性原则。即在选择和搜集游戏素材时,根据游戏目标和游戏对象,有针对性地进行取舍,选择最符合实际要求的游戏素材,而且在形式、呈现状态以及运动负荷方面都符合需要。这样不仅可以大大地提高素材的利用率,同时也提升了游戏的接受度和普及度。

(4)选择有普适性的游戏素材

在有针对性地选择游戏素材的前提下,还要考虑到素材的普适性。这是因为每一个游戏面对的学生群体可能来自不同的地区、不同的民族,甚至是不同文化、不同信仰和不同的国家,而足球运动和足球游戏都是可以跨越空间和时间的一种体育形式。因此,在游戏的设计之初就要考虑到这一因素,为了能尽可能地提高游戏被接受的范围和程度,要避免过于晦涩和难以被广泛接受的素材,尽量多选择具有普适性的游戏资料。

3. 确定结构

(1)游戏名称

命名是游戏设计中的一个重要环节。游戏名称既要突出主题,又要简单明快,最好还能够生动形象,让人过耳不忘。因为足球游戏主要面对的是在校学生群体,因此在命名时要避免使用刻板、学究或老气横秋的名字。有的游戏名字本身就非常有趣,让人充满好奇。比如星球大战、喜羊羊与灰太狼、蚂蚁搬家、小猴摘桃、鸭子捉螃蟹等都是非常传神的命名。总之,在命名时尽量采取模拟、比喻、夸张、诙谐的方式,这样才能符合游戏本身的气质。同时也要注意,不要为了有趣而脱离游戏本身的内容和特点,要保证游戏名称、内容和形式的统一性。

(2)游戏方法

游戏方法要简单好记,不能让学生花费太多的精力用于研究和理解游戏方法上,那样就失去了游戏的意义。因此在设计游戏时应该尽量地简化规则,只保留最有必要的约束条件。最重要的是游戏过程。一般最常见的几种游戏方法可分为以下几种类型。

①游戏的形式。接力、攻防、比远、比快、比耐力、比数量等。

②游戏的路线。直线式、曲线式、往返式、绕圈式、一动一静式。

③游戏的队形。纵队、横队、圆形、十字形、三角形、分散形等。

(3)游戏规则

规则是足球游戏能够顺利进行的保障。规则一般可分成三类,一是侧重控制整个活动局面,维持纪律和秩序,比如规定游戏的总时长,组数等。二是对游戏中的动作规定,比如有些游戏中禁止用双手碰球,如果是接力游戏,接力的同学之间必须完成某个动作等。三是要明确游戏的边界,对犯规、无效动作有明确的规定。比如在运球游戏中,如果球落地后则必须从起点重新开始。

第三节 校园足球游戏方法与组织

一、熟悉球性类游戏的具体方法

（一）向后拉球接力

1. 游戏目的

提高学生控球技术，尤其是在移动中连续向后拉球的能力。

2. 场地和器材准备

足球场地半块，足球2个，标志物2个。

3. 游戏方法

以分组比赛的形式进行。学生分为人数相等的两组，并列两排站立于画定的起点线后，在10米处分别设置两个标志物。准备时，每一组的第一名学生持球背向起点线站立，听到教练的开始信号后立即沿直线做连续向后拉球运动，拉球至标志物后折返，继续以拉球动作回到起点，并将球交给下一名同学，直至每组的最后一名同学完成游戏。率先完成游戏的小组赢得游戏（图7-1）。

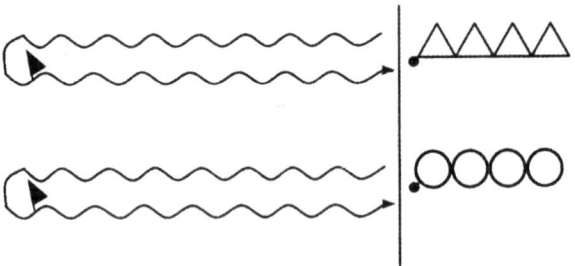

图7-1 向后拉球接力

4. 游戏规则

（1）在向后拉球的过程中不能用其他的方式运球。
（2）在绕标志物时可以用侧拉球技术。
（3）两名同学接力时必须有击掌动作。

（二）向前踩球接力

1. 游戏目的

提高学生移动中连续向前踩球的技术和控球能力。

2. 场地和器材准备

足球场地半块，足球2个，标志物2个。

3. 游戏方法

学生们按人数平均分为相等的两组，并列站在画定的起点线后，在10米处分别放置两个标志物。当教练发出开始的指令后，每组的第一名学生立即做连续用脚前掌踩球的动作，踩球至标志物后以最短的时间绕过并折返，直至把球交给下一名同学，接力进行直到最后一名同学也完成游戏。两组中率先完成游戏的组获胜（图7-2）。

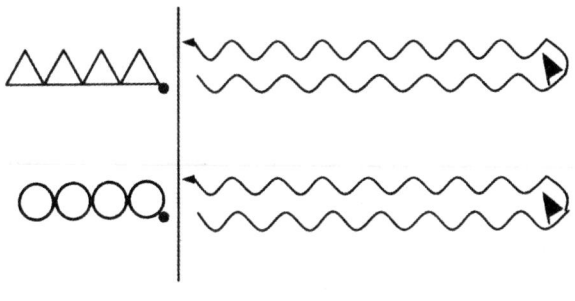

图7-2 向前踩球接力

4. 游戏规则

（1）中途不能用其他方式运球。
（2）用踩球的方式绕过标志物。

（3）接力时两名同学需要做击掌动作。

（三）向前踩球与向后拉球组合接力

1. 游戏目的

提高学生向前踩球和向后拉球的技术，加强控球练习。

2. 场地和器材准备

足球场地半块，足球2个，标志物2个。

3. 游戏方法

将学生分为人数相等的两组，背向画定的起点线并站好，在10米处分别设置两个标志物。当教练发出开始的指令后，两组的第一名学生立即从起点线向标志物连续做向后拉球动作，至标志物后立即变为用脚前掌向前踩球折返，并将球交给下一名同学进行接力，直至全组完成游戏。最先完成游戏的小组获胜（图7-3）。

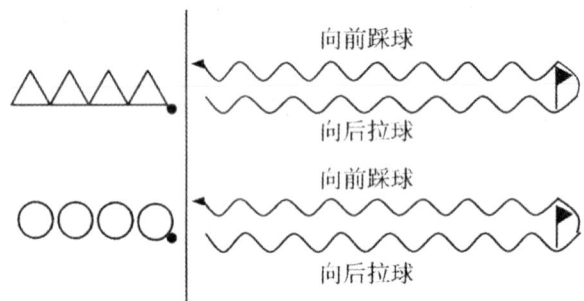

图7-3　组合形式

4. 游戏规则

（1）要求所有学生在向标志物拉球时一律采用向后拉球技术，返程采用向前踩球技术，不得使用其他方式。

（2）在绕过标志物时，可以用侧拉球的技术，也可以用踩球方式，但是一旦绕过标志物必须改为向前踩球技术。

（3）接力时两名学生必须做击掌动作。

（四）向前拖球接力

1. 游戏目的

提高学生向前拖球的技术以及控球能力。

2. 场地和器材准备

足球场地半块，足球2个，标志物2个。

3. 游戏方法

同学们分为人数相等的两组，在画定的起点线后站好，在距离10米处分别放置两个标志物。教练发出开始的指令后，两组学生的第一名立即用双脚向前拖球，至标志物后尽快绕过并立即折返，将球交给下一名同学进行接力，直至小组的最后一名同学完成游戏。两组中用时较短的小组获胜。需要注意的是，向前托球接力游戏是让学生掌握用脚内侧触球、双脚向外侧略张的技术技巧，不仅要努力加快速度，同时也要注意动作的连贯性和稳定性（图7-4）。

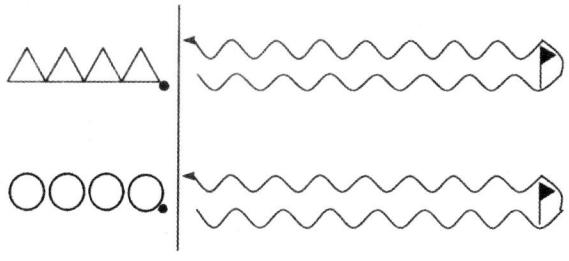

图 7-4　向前托球接力

4. 游戏规则

（1）运球的全程只能采用向前拖球的方式。
（2）在绕标志物时，必须采用向前拖球的技术。

(五)向后拖球接力

1. 游戏目的

提高学生向后拖球的能力以及控球能力。

2. 场地和器材准备

足球场地半块,足球2个,标志物2个。

3. 游戏方法

将学生分为人数相等的两组,在画定的起点线后两组学生并列背对起点线站好,在10米处分别放置两个标志物。当教练发出开始指令后,两组的第一名学生立即用脚向后拖球,拖至标志物时立即绕过折返,将球交给下一名同学接力进行,直到小组的最后一名学生也完成游戏,率先完成游戏的小组获胜(图7-5)。

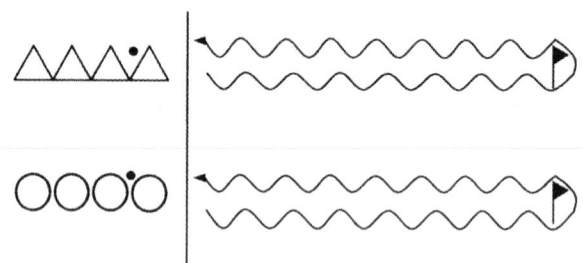

图7-5 向后拖球接力

4. 游戏规则

(1)要求学生只能用向后拖球的方式前进。
(2)在绕标志物时只能采用向后拖球技术。

(六)颠球比赛

1. 游戏目的

培养练习者的颠球技术。

2.场地和器材准备

足球场地半块,足球2个。

3.游戏方法

将学生分为人数相同的两组,并列站在画定的一条起点线后,在距离起点线 10 米处,各画一个直径为 4 米的圆圈,并各安排一名学生在对方的圆圈边上站好。当教练发出游戏开始的指令后,两组的第一名学生快速运球至本队的圆圈里,并在圆圈内做连续颠球技术。被指派站在圆圈外的学生负责监督对方学生的动作和颠球个数。当学生在圆圈内完成 20 个颠球后,迅速运球回到起点,将球交给下一名同学接力进行,直至全组都完成游戏,率先完成的小组获胜(图 7-6)。

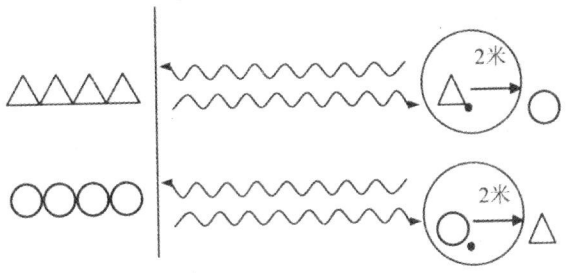

图 7-6 颠球比赛

4.游戏规则

(1)学生在圈内颠球的方式不限,球可以落地但人和球不能出圈,圈外的颠球不计在总数内,但总数要达到 20 个才可以返回起点。

(2)如果想提高颠球的难度,可以将规则改为如果球落地或者学生出圈,则重新开始计数。

(七)颠球行走接力

1.游戏目的

提高练习者在移动中颠球的技术能力。

2. 场地和器材准备

足球场地半块,足球2个。

3. 游戏方法

将学生分为人数相等的两组,在场地内画出两条相距30米的平行直线,每组学生并列在起点线后站好。当教练发出游戏开始的指令后,两组的第一名同学迅速开始边颠球边向终点线前进,到达终点后迅速折返,并将球交给下一名同学接力,直至小组的最后一名同学完成游戏。率先完成游戏的小组获胜(图7-7)。

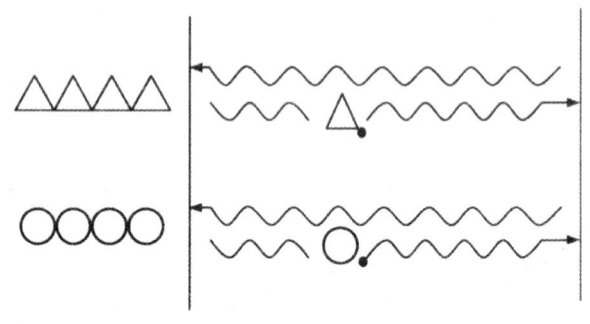

图7-7 颠球行走接力

4. 游戏规则

(1)要求颠球行走过程中球不能落地,如果球落地则回到落地前的位置再继续开始。

(2)进行颠球时可以改变颠球的部位,但是如果影响到另外一组的同学则视为犯规,并回到起点重新开始。

(八)颠传球比赛

1. 游戏目的

提高练习者颠球技术和控制球的能力。

2. 场地和器材准备

足球场地半块,足球1个。

3. 游戏方法

将学生分为人数相等的两组,两组同学间距 3 米相对站立,其中一组的第一个学生持球准备。当教练发出开始的指令后,持球学生立即进行颠传球将球传给对面一组的第一个同学,然后迅速转身排到队伍的尾部,对面的学生再将球颠传回给对方的下一名同学,然后也迅速排在所在队伍的队尾,依次进行游戏。如果有同学颠传球失败或者没有接住对方传来的球则被罚出队伍,并要求蹲在两队中间,直至自己同组队员颠出的球砸落在自己身上,方可被救活,然后回归队伍继续恢复游戏(图7-8)。

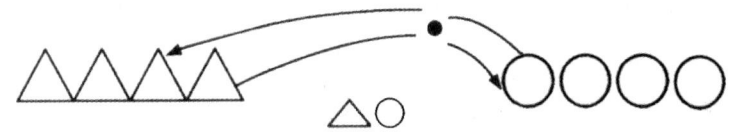

图 7-8　颠传球比赛

4. 游戏规则

(1)颠传球时应尽力将球传到对方合适的位置,以便对方同学能够稳定接球来判断颠传球的准确性。

(2)在接对方颠传球时可以连续颠球来调整球的稳定性,但球不能落地,否则记为失败。

(3)如果想要救活队友,必须是同组同学颠出的第一落点落在本队同学身上才有效,落地后砸到不算在内。并且,如果第一落点恰巧砸在对方蹲在中间的同学身上,那么发出颠球的同学也要被罚蹲到两队中间,而对方被砸的同学可以被救活。

二、传接球类游戏的具体方法

(一)火车穿山洞

1. 游戏目的

提高学生传地滚球的力度和准确性,练习控球能力。

2. 场地和器材准备

足球场地半块,足球 2 个。

3. 游戏方法

将学生分为人数相等的两组,每组的第一名同学持球并与本组其他的同学相对站立,除持球同学外,其他同学两腿开立并排成一列。听到教练的开始指令后,持球的同学迅速将球从同伴的裆下传过,然后迅速站在队列的前面。队列中的最后一名同学接到球后迅速运球到排头,像第一名练习者一样重复游戏,当所有的同学都完成一轮游戏后游戏结束。用时短的小组获胜(图 7-9)。

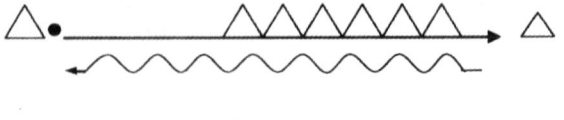

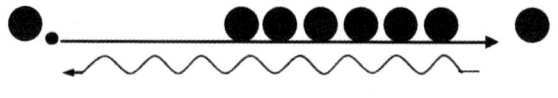

图 7-9　火车穿山洞

4. 游戏规则

(1)持球的同学用力将球踢出并穿过同伴的裆下,其他同伴可以尽量扩大两腿间的距离,但不能用任何方式触碰到球并帮助球从自己的裆下穿过。

(2)如果球没有穿裆成功,而是停留在队列之间的某个位置,那么发球的同学要重新传球。

(二)看谁传得快

1. 游戏目的

提高学生快速传球的能力,加强传球的稳定性和准确性。

2.场地和器材准备

足球场地半块,足球若干,标志物若干。

3.游戏方法

将学生按两人一组进行分配,一人持球,两人分别站在画定的两条平行线外,两条平行线间距5米。在两名同学的中间放置两个标志物,且保持标志物间为0.5米的距离。听到教练的开始指令后,两名同学迅速进行连续的传球,且每人每次传出的球必须从两人之间的两个标志物的中间穿过,且球的高度不能高过标志物的高度。最先完成50次传球的小组获胜(图7-10)。

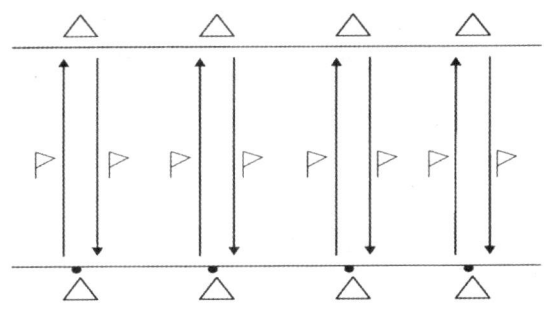

图7-10 看谁传得快

4.游戏规则

(1)对传球的脚法不限,但要求每次传球必须穿过两人之间的两个标志物的中间,其中任何一人没有达到要求都视为失败,本次的传球不计在总数之内。

(2)击球点不能越过各自的平行线,否则视为无效。

(三)踢准

1.游戏目的

提高学生传高空球落点的准确性。

2. 场地和器材准备

足球场地半块,足球5个,红旗一杆。

3. 游戏方法

事先画两条相距30米的平行线,并且选择其中一条平行线的中心点为圆心,分别画出半径为2.5米、2米、1.5米、1米的4个圆形,然后在圆心处插上一面小红旗。在另一条直线上依次放置好5个足球。游戏开始后,每名同学助跑后将球直接踢向对面的圆心。根据球的第一落点的位置计分。例如,如果球的第一落点是落在半径2.5米~2米区域里那么同学此次踢球得1分,落在半径2米~1.5米区域里得2分,落在半径1.5米~1米区域里得3分,落在半径为1米的区域里得4分,直接砸到红旗上得5分。每人一次踢5个球,得分最多的同学获胜(图7-11)。

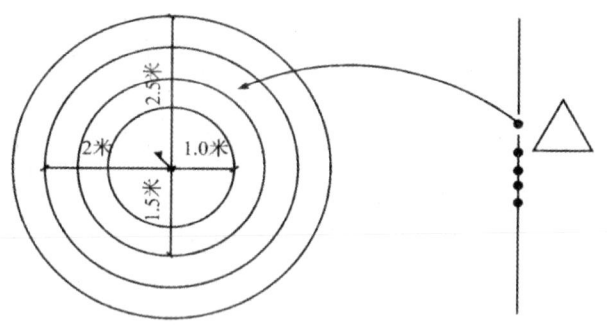

图 7-11 踢准

4. 游戏规则

(1)练习者可以采用脚的任何部位击球,但必须是高空球且第一落点落在圈里才可以记分。

(2)要求每个同学的踢球时间限制在3分钟之内,如果时间到了但是没有完成,那么仅计算已完成的踢球得分,然后换下一名学生继续游戏。

三、运球类游戏的具体方法

（一）运球转身接力

1. 游戏目的

提高学生运球中快速转身与急停的能力。

2. 场地和器材准备

足球场地一块,足球 2 个。

3. 游戏方法

将学生分为人数相等的两组,成两列分别站在事先画好的一条起点线之后,每组的第一个同学各持一球。在距离起点线 20 米的位置,分别放置两个标志物。每个标志物对应着一个小组。听到教练的开始指令之后,各组的持球同学迅速向标志物运球,到达标志物后,停球转身运球回起点线,下一名同学接力继续游戏。最先完成的小组获胜(图7-12)。

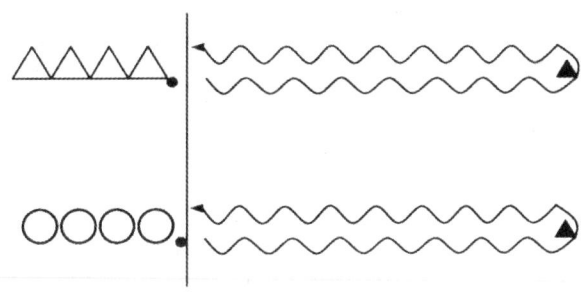

图 7-12 运球转身接力

4. 游戏规则

（1）同学在运球绕过标志物时,不限制停球转身的技术动作,只要能够运球绕过标志物即可。

（2）两名同学接力时,必须做出击掌的动作之后,接球的同学才可以从起点线出发开始游戏。

(二)折线运球接力

1. 游戏目的

提高学生两侧变向运球的能力。

2. 场地和器材准备

足球场地一块,足球 2 个,标志物 16 个。

3. 游戏方法

将同学分为两组,并画定一条起点线。在距起点线 5 米开始,每隔 5 米放置一个标志物,每组对应的位置共放置 8 个标志物,两组共 16 个。然后将各组的标志物每两个之间分别向左右交错移动一段距离,使整体上呈现 S 型(图 7-13),每组的第一名同学持球。听到教练的指令后每组的持球同学迅速沿斜线运球并从外侧变向绕过每个标志物,到达最后一个标志物后迅速转身绕过标志物按原路返回起点,然后本组的第二名同学接力继续游戏。最先完成游戏的小组获胜。

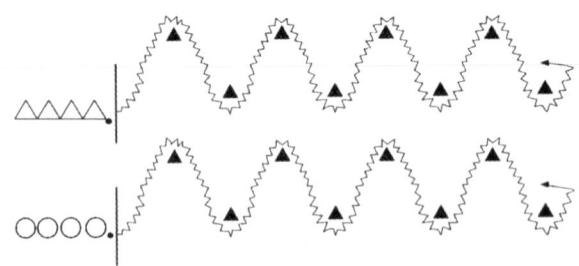

图 7-13 折线运球接力

4. 游戏规则

要求学生每次必须从标志物的外侧绕过,做变向继续斜线运球,不能直接从标志物内侧变向斜线运球。

第七章　校园足球游戏课教学实施

（三）运球过人

1. 游戏目的

提高学生运球过人、护球和抢断球的能力。

2. 场地和器材准备

足球场地一块,足球 1 个。

3. 游戏方法

画一个 20 米 × 30 米的长方形场地,将学生分为人数相等的两组,分别站在两条相对的边线外,其中一方的第一名同学持球。听到教练的开始指令之后,持球的同学向对方的边线运球,并努力突破运球过人到达对方边线。防守方的同学采用抢断球技术进行防守练习。如果防守成功,那么双方转换角色继续游戏,直至有一方进攻成功,运球到对方的边线,那么该组游戏结束,换下一组同学继续游戏。所有学生完成后获胜次数多的小组取胜(图 7-14)。

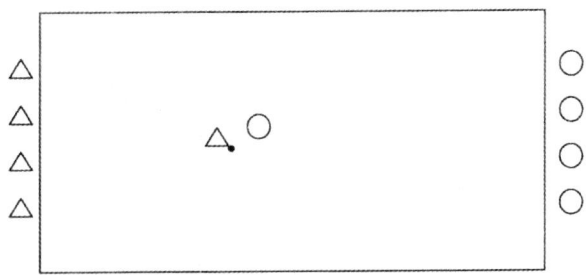

图 7-14　运球过人

4. 游戏规则

（1）每个小组在游戏中必须是一方运球至对方边线才能结束,中间不能换人。

（2）学生在抢截球的过程中,除了铲球技术外,可以利用任何其他技术动作。

四、校园足球游戏的组织方式

在校园的足球游戏活动课中,组织管理工作非常重要,它将直接影响游戏的效果、安全,以及是否能让学生从中产生对足球的兴趣。因此,在校园足球游戏的组织过程中,要讲求一定的科学方法。

(一)游戏的准备

1. 场地的安全性

场地的安全性应当放在第一重要的位置,避免学生在游戏过程中因为摔倒而发生划伤、骨折等情况。因此场地要选择那些地面平整且没有砂石等尖锐物的宽阔地面。

2. 场地与教室的适当距离

做足球游戏与其他的体育课程不同,由于在做游戏的过程中学生更加放松,难免会喧闹。因此,尽量选择距离教室稍远的场地进行,以免影响其他课堂教学的正常进行。

(二)游戏的管理

1. 严格遵守游戏规则

在进行足球游戏的时候,要强调同学们的规则意识。通常最有效的做法是认真、严格地对待犯规情况。犯规其实是很普遍且正常的现象,如果每个学生都能尊重游戏规则,即使犯规了也不气馁,仍然认真努力地完成游戏,那么会有利于培养学生的规则意识。

2. 优先处理安全问题

在体育教学中安全最大,而同学们在进行足球游戏时难免会因为贪玩而放松了安全意识,此时教师应该特别留意游戏的安全性,并及时加强学生们的安全意识,一旦出现安全隐患,教师要果断中止游戏,直到问题解决之后再重新开始。

3.适时地结束游戏

适时结束游戏是保证游戏效果的重要因素。为了保证游戏的锻炼效果,教师应该把握游戏的时间,并非游戏时间越长越好。同时,游戏的重要价值是保持学生们的新鲜感,如果无节制地进行,或者每次都进行同样的游戏,那么必然会令大家兴趣索然,失去热情。因此,适时地结束游戏才能保护学生的游戏心态和游戏效果。

(三)游戏的结束

游戏结束后并非是足球游戏的最后一个环节,因为除了场地整理之外,对游戏进行小结或者评价也是非常重要的一项工作。

1.场地整理

场地整理能够培养学生的责任感和养成规范的意识。在游戏结束后,要求同学们共同将用到的器材送还或者归位,对场地进行必要的清理,为下节课将要使用场地的班级做好准备。

2.游戏小结

游戏小结是对本次游戏的总结与体会,加强学生们对游戏的认识,而不是仅仅玩得很开心就好了。要让学生对游戏的目的有清晰的认识,对游戏的效果做必要的评价。一个准确的小结,可以帮助学生在游戏后及时进行反思和整理,对自己的表现有更为客观的认识,对今后的训练重点和训练方向都有很好的梳理作用。

第八章 提升校园足球教学质量的建议与策略

随着我国校园足球教学活动的广泛开展,目前已经取得了阶段性的成果。国家对提升我国在竞技足球项目上的进步有很大的决心,对足球的普及教育也给出了具体的意见。特别是对于我国青少年校园足球的发展走向和建设路径都有较为明确的指导。现阶段,正是提升我国校园足球教学质量的关键时期。本章对足球教学质量的提升给出具体的建议和未来发展策略展望。并从创建良好的校园足球环境进行切入,对构建全面和谐的校园足球环境的作用与方法进行分析。在师资队伍建设方面,从足球教师的培养和教师的作用两个方面论述足球教师在提升足球教学质量方面的重要价值。由于足球运动的特殊性,校园足球的教学必然伴随着安全管理问题,它主要涉及教学安全因素和预防措施两方面的内容。最后,立足于当下的现实情况,对加强校园足球的校本化教学给出切实可行的发展意见。希望对于建设具有中国特色的校园足球发展新常态理念提供帮助,对我国足球普及与教育事业的发展做出贡献。

第一节 创建良好的校园足球环境

一、校园足球环境的现状

我们国家对教育的投入和发展始终都非常重视,随着对教育制度、教学内容与教学方式等方面进行持续的改革,推进素质教育的呼声越来越高,尤其是 2021 年提出的"双减"工作的落实,学校肩负着对学生全面成长的责任和义务被再次加强。当学生从过重的作业和课外培训压力下解脱出来之后,他们的课余时间需要用来完成更健康、更有意义的

第八章 提升校园足球教学质量的建议与策略

活动,而校园足球等体育活动的价值便得以突出。然而就目前的情况看来,我国的校园足球环境还有很多不尽如人意的方面,他们主要体现在以下几个方面。

(1)由于长期以来我国的教育模式仍以应试教育为主,使社会、学校、家长和学生整体上对其他学科的重视程度都不够。足球作为一项需要长期专业训练的运动项目,在这样的大背景下其发展自然受到天然的限制。由此带来的结果就是,学校对足球环境的建设也并没有达到其应该有的水平,从精力投入到资金投入都较为不足。

(2)对于大多数学校而言,在对校园足球精神环境的构建上还不够全面,学生对足球的认识还相对片面,大多数学校距离拥有丰富的校园足球精神环境还有相当的距离。

(3)我国校园足球的体制环境还不完善,基本上还处于比较初级的阶段。当然,校园足球制度环境的建设还需要在教育部门的整体规划与指导下进行才能真正趋于完善。

(4)校园足球人文环境也参差不齐,比较突出的问题是,学生作为校园足球的主体并没有真正地参与到这个构建过程中,还处于被动的、从属的位置,这肯定是与真正的校园足球人文环境相背离的。

二、校园足球环境的构成与构建

校园足球环境的构成一般是指足球的物质环境、精神环境、制度环境和人文环境,由于每个学校的自身特征和客观情况不尽相同,因此在发展校园足球环境的时候会根据各自的实际情况而有所侧重和取舍。

(一)构建校园足球的物质环境

校园足球物质环境是校园足球环境建设的基础,是校园足球教学的基石,是校园足球环境中最直观被感知的部分,因此具有特别重要的作用。物质文明是精神文明的基础,物质环境也是精神环境、制度环境和人文环境的基础。因此,在发展校园足球环境的时候,首先要建设的就是足球物质环境。学校所处的地域、足球场馆的风格、草坪的养护情况、训练设施是否全面等共同构成了校园足球物质环境。良好的足球物质环境是学校对足球教学的重视程度的直接反应。当学生置身于这样的环境中学习的时候,能够体会到学校在背后所提供的强有力的支持,因此可以更安心地学习和训练,让学生在情感上对足球运动更为重视、更有归属感。

1. 经费投入是关键

物质环境的建设,经费投入是关键。对于校园足球运动而言,最重要的物质环境就是场馆和草坪,这除了要求学校本身有面积足够大的操场以外,对场地的养护也是一项比较重大的投入。因此,对于学校的体育经费而言是一个不小的挑战。大多数学校的体育场馆设施建设都处于长期滞后的状态,不要说中小学,即使是高校很多也未能达到国家教育部门规定的最低线要求。

学校的足球教学有很大一部分内容是培养学生对足球运动的兴趣。尤其在初期,物质环境起到相当大的作用,可以激发学生对足球的热情和投入程度。良好的环境有极大的促进作用,会鼓励学生们自发地投入更多的时间去进行足球活动,从而逐渐培养出对足球的兴趣。随着社会的发展,广大师生在体育文化活动中会对求新、求美的诉求越来越高,对环境设施的要求也越来越高,希望在体育运动中得到全面的、良好的感官体验。因而对我们的学校物质环境提出了更高的要求。

在校园足球广泛展开的大背景下,我们的教育系统应该对校园足球环境的投入加大力度,尤其是物质环境建设,主要依靠经费的投入。各学校应重视起这部分工作,逐步增加对足球物质环境的建设投入,使校园足球环境从根本上得到改善。并且建立起科学的评估指标体系,把体育环境及设施建设作为学校办学条件和办学水平的考核标准之一,以督促学校对体育教学物质环境建设的投入。

2. 逐步进行物质环境建设

尽管经费相对短缺是广大学校共同面临的问题,但是物质环境的建设也并非是一蹴而就的,它需要长期地、逐步地完成,是一个循序渐进的过程。因此,从另一个角度来看也缓解了经费短缺的压力。也就是说,在进行校园足球物质环境建设的过程中,要有计划、有组织、有步骤地完成,要有系统性地构建布局,依据现有的情况逐步完成物质环境的建设。这里提供如下两个发展思路。

(1)学校可以根据自身的实际情况,充分发挥场地、人才和管理的优势,可以通过错峰时间向社会放开一部分服务,然后再通过市场促进

第八章 提升校园足球教学质量的建议与策略

学校的发展和建设。例如,利用学校的节假日和寒暑假期,可以向公众开放一些足球活动的场地,或者提供一定的技术指导,可以为学校带来一定的经济收益,这部分受益将作为专项资金用于学校体育物质环境,尤其是足球物质环境的维护、改建和更新。

(2)联结社会企业的赞助与合作,比如邀请企业资助学校的场馆或者设施的建设,企业可以以冠名校园足球队并提供长期的训练资助。足球队取得了成绩也为企业赢得荣誉。这种方式可以缓解教育经费短缺而导致校园足球物质环境建设不足的情况。这种企业与学校合作的形式在国外发展得较为成熟,在我国并不多见,还需要从国情出发做进一步的探索。

3. 物质环境要体现出文化底蕴

校园足球物质环境是校园足球文化的物质载体,决定着校园精神环境、制度环境和人文环境的发展,同时它们之间又存在着彼此依存、互相影响的关系。在构建校园足球物质环境的过程中,既要注重物质环境设施的完善、现代和先进性,同时也要注意提高物质环境的内在文化底蕴。没有文化底蕴的物质是肤浅的,没有物质基础的文化是虚幻的,只有当两者能够相辅相成、你中有我我中有你的时候,才是最理想的状态。校园足球物质环境既是足球教学的需要,也是校园体育文化建设的需要,它决定着学生的身心健康发展,也是整个校园体育文化的外在标志。一个草皮漂亮、环境整洁的足球场,就像校园的一个无声的代言人。一方面,它体现了学校对足球教学乃至整体体育教育的重视程度,另一方面,它也代表着学校具有深厚的体育、环境、教学等多方面的文化因素。这就要求校园足球的物质环境既要讲究坚固实用,又要讲究美观和谐;既要符合现代足球的技术要求,又要倾注人文关怀、提升文化品位;既要具有实用性,又不乏丰富的审美张力。校园物质环境的风格,在一定程度上反映了校园的整体精神追求,是其文化内涵的外在体现。离开了校园文化的物质环境,是无法与校园的整体精神内核相协调的,那么也就失去了它原有的意义。因此,校园足球物质环境要以一定的文化底蕴来建设和发展。

(二)构建校园足球的精神环境

青少年足球运动的发展关系到国家足球的发展,青少年足球人才的培养关系到国家足球人才的培养。青少年好奇心强烈,爱动,喜欢团体活动,这些都是发展校园足球的有利条件。青少年时期也是一个人最具可塑性的阶段,他们天真烂漫,对任何新鲜事物都充满探索精神,这是培养他们学习能力和兴趣爱好的关键时期。如果在这一期间,学校能够加强对校园足球精神环境的建设,营造一个良好的足球文化氛围,给学生们创造出适合开展足球运动的物质与精神环境,将非常有利于培养孩子们爱上足球运动的好习惯。

首先,要加强足球文化的宣传,推广足球运动的知识、历史,定期举办一些有关足球的沙龙讲座、友谊赛等。让足球文化成为学生日常学习生活中的一个重要的内容,无论是在教学中还是在业余活动中,让学生们对足球产生熟悉感和亲近感,当他们想要运动或者想要看比赛的时候,足球会成为其中的选项之一。要达到这样的效果,就需要校园足球教学要打开思路,从各个方面对足球展开推广与教学,争取打造出优秀的校园足球精神环境,倡导足球精神与足球文化对人的精神品质的影响作用,加强宣传顽强拼搏、积极进取、团队使命、协作奉献等足球精神。鼓励学生们积极参加足球训练和足球比赛,并且以能为团队的荣誉而战感到自豪、感到骄傲。

其次,校园足球精神环境的建设,不仅仅是通过宣传与说教的方式实现,更重要的是定期开展一些有关足球的文化活动和比赛活动。努力给学生们创造轻松的足球文化氛围,并且在活动中逐渐体验足球运动的文化内涵和精神特质。只有让学生真正地融入足球运动之中,通过加强彼此间的互动与合作,锻炼他们的团队协作能力和勇于拼搏的精神,亲身体会足球带来的挑选性与成就感,才能让学生真正地热爱上足球运动,并且将这种兴趣爱好长期地保持下去。也只有这样,才能为我国的足球竞技运动的发展培养坚实的群众基础,才能让中国的足球项目能够稳定地、持续地得到发展。

(三)构建校园足球的制度环境

在校园足球制度环境的构建中,应该与国家的整体足球事业发展相一致,并纳入国家足球项目的发展计划中。积极实现学校作为人才培养和人才输出的重要角色使命,与国家的体育发展制度紧密结合,建设具有自身特色的校园足球环境制度。

现阶段,中国正从体育大国向体育强国的方向努力迈进。而足球

第八章 提升校园足球教学质量的建议与策略

运动是国家竞技体育发展的重中之重,从国家层面、社会层面和学校层面,都在以不同程度和不同方式对足球的发展进行着改革、尝试,目前还处于积极探索的阶段,整体上呈现出多元性、发散性和低效性的特点。因此,我国的足球项目还处于一种无序化发展的状态中。那么在这样的大背景下,学校构建校园足球的制度环境既存在着一定的挑战,也存在着一定的机遇。

从挑战的角度来看,学校自身需要承担起更多的责任,需要勇于尝试,大胆行动。但是,若从机遇的角度来看,学校具有更大的探索空间,在这一过程中能够发挥出更大的活力。比如,从学校的实际情况出发,制定出有助于开展校园足球教学活动的基本制度,鼓励师生更积极地投身于足球教学和足球训练。要乐观地、务实地将校园足球活动推向制度化、有序化的发展轨道。在过程中如果发现问题,也要及时纠错、及时调整,让校园足球的制度环境建设始终保持在一个较健康的、充满活力的发展状态。

(四)构建校园足球的人文环境

校园足球的人文环境,具体来讲是指以足球为核心的价值观、审美观和发展观等。对校园足球人文环境的建设,需要借助于具体的载体如足球活动或者足球比赛,也需要在活动中赋予它们恰当的价值与意义,对学生进行正确的引导,这是树立校园足球人文环境的重要途径。

足球的教育意义除了提高青少年学生的身体素质与运动技能之外,还有很大一部分是来自足球的人文价值。文化的教育要从小抓起,而且足球运动也需要从青少年时期就开始系统地训练和培养。因此,校园足球同时肩负着双重的、重要的使命,即在发展学生身体素质和培养学生运动技能的同时,还要积极开展对青少年的人文熏陶和教育。鼓励学生们积极地投入足球运动中来,享受足球带来的非凡体验,同时也要体会足球背后所蕴含的深厚的价值主张和审美情趣。只有这样,才能充分发挥足球的教育价值,培养出具有发展潜力的足球人才。未来的足球竞技人才,不仅要具备优秀的技术水平,还应当具备深厚的人文素养、坚实的价值观和丰富的知识结构。校园足球的人文环境,是培养未来足球人才的重要因素,它是对青少年学生的一种综合的滋养,对人才的培养具有多方面的作用。

三、构建校园足球环境的方法

（一）尽早开设足球课程

通过借鉴国外足球先进国家的发展经验，足球教学应该从儿童期就开始抓起。从我国目前的教育体制来看，小学阶段还没有专门的足球课程，有些学校只是简单地涉及一些足球游戏活动。由于学生接触足球的时间有限，那么养成足球兴趣的概率必然会大大降低。并且，良好的校园足球环境的建设并非是一朝一夕就能完成，它是一个循序渐进的过程，因此，首先要做到的就是尽早地开设足球课程，先给学生们一个充分接触足球运动的机会，自如地了解足球文化，掌握更多的足球知识和技巧，然后才能谈到去培养学生养成长期的、稳定的足球兴趣。

（二）提高教师教学能力

在学校构建足球环境与学生养成足球兴趣之间，还需要一个举足轻重的桥梁，那就是体育教师。优秀的体育教师能够将物质环境、精神环境、制度环境与人文环境等这些或者有形或者无形的资源，巧妙地转化为学生能够轻松理解和接受的，并且是符合学生年龄特点的有效资源。比如，一节生动的足球课不仅是让学生们在操场上奋力奔跑，展开积极的进攻或者顽强的防守，同时，还要讲解技术背后的文化与历史，让学生们感受到足球运动是一种文化内涵丰富的体育活动，在它的规则、设置的背后其实具有丰富的文化内涵和精神价值，这会帮助学生们建立起更为深厚的足球兴趣和热情。学生对足球技巧，足球精神、足球制度和足球人文的理解，都需要体育教师做深入浅出的教导，因此，加强体育教师的教学能力对构建良好的校园足球环境非常重要。

（三）完善相应的足球设施

对于校园足球而言，一个好的足球场地是十分有必要的，它至少保证了学校的足球教学可以正常的开展和进行。一个漂亮的足球场不仅可以保护学生们的运动安全，而且还具有强大的吸引力，吸引着学生们情不自禁地想要去操场上踢球、奔跑、运动。因此，学校在构建足球环境的时候，最重要的是要修建一个良好的足球场供学生们开展运动。

（四）常态化的足球环境建设

国家把校园足球作为我国"三大球"类运动综合改革的突破口，说明了国家对足球项目的重视程度，也反映出足球环境建设并非只是一个短期目标，而是一个长期目标。因此，要将校园足球的环境建设作为一项常态化的工作任务。构建校园足球的物质环境、精神环境、制度环境和人文环境并不是形象工程或者表面工程，它是切实打造我国足球教育的基石，是提高我国足球运动水平的重要准备工作，是为足球的基础教育、普及与发展做实事，是为实现青少年足球后备人才可持续性发展的必要努力。学校通过整合各种资源，以点带面，将校园足球环境作为学校长期发展建设的重要组成部分，并做好规划与落实工作。努力将各项现有资源配置趋于更加合理化和科学化，逐步形成足球环境的系统，从而实现校园足球环境建设的常态化发展。

第二节 培养优秀的校园足球师资队伍

一、足球教师的主要作用

校园足球的教学活动是实现教学目标的重要过程，而足球教师是这一过程中的主导者，他们直接决定着教学活动的质量。足球作为一项专业性极强的运动项目，在校园教学中应该得到足够的重视，其中一个主要方面就是对足球教师的综合能力有具体的要求。校园足球课程不仅仅是在课堂上完成既定的教学任务，比如一些具体的足球知识、运动技能、素质训练、专项训练、战术训练等。作为足球教师要有全方位的专业知识和能力，还要具备优秀的教学能力。足球是一项具有丰富历史文化知识的运动项目，也是一项专业性很强的竞技项目，作为体育教师，只有足够优秀才能够担负起这一重任，才能够引领学生了解足球运动背后的丰厚文化体系，才能够真正地认识和理解足球运动的魅力所在。足球教师是校园足球教学的骨干力量，是教学前线的主要执行者和组织者，他们肩负着非常重要的责任，具体而言其主要作用体现在以下四个方面。

（一）激发学生的足球兴趣

人们常说最好的老师是兴趣，而兴趣的产生也需要培养。青少年学生正处于好奇心特别旺盛的阶段，为了培养学生的足球兴趣，教师应该充分地抓住这一重要时期，为学生创造更多的接触和了解足球的机会，从多个角度展示足球运动的魅力，激发同学们主动探索的热情。而这一过程就是足球教师的价值体现。每个同学的性格不同、兴趣点不同、接受新事物的方式也不尽相同，这就要求足球教师能够细心观察同学们的特点，并且耐心地引导，尽量做到因材施教、因势利导。比如，有的同学最喜欢足球运动中与同伴配合进行攻防的过程，他们能体会到团队作战的豪迈和成就感，但是不能承受失败的打击；而有的同学对足球的兴趣来源于对某个球星出神入化的球技的崇拜，但是又比较抵触艰苦的训练；还有的同学虽然喜欢球类运动，但是基础的力量、耐力或者平衡素质不够好，因此制约了足球技能的发展。作为足球教师应该用心了解每个同学的自身情况，并悉心保护好他们对足球的好奇心，根据不同的情况给予最合适的引导和帮助。而这就是足球教师在校园足球教学中最基础也是最重要的作用。

（二）带领学生科学训练

足球教学是一项系统性和专业性都极强的教学活动。在校园足球的教学活动中，足球教师不仅仅是兴趣的引路人，他们还是带领学生进行科学训练的护航人。青少年学生还在长身体的重要阶段，各项身体素质都具有很大的发展空间，如果得到科学的训练指导，那么将获得事半功倍的效果。如果教师自身的专业能力不够或者教学方法不当，那么也可能导致学生不必要的身体受伤，甚至挫败对足球的热情。因此，足球教师的另一个重要的作用就是能够给予学生科学有效的训练指导。

（三）精神文明的传播者

足球教师根据学校的教学目标和教学任务，要完成规定的教学内容，还要带领学生完成要求的训练项目，这是足球教师的最基本的教学任务。除此之外，在以上这些可量化的教学活动之外，在日常的训练或者比赛中，在课余的足球活动中，足球教师应该以身立教，通过自己的言行举止，自然而然散发出对足球运动的热情，间接地对学生产生积极正面的影响。优秀的足球教师不仅仅是课堂上传授足球知识与技能的人,对于学生而言,他们还是实实在在的足球精神和足球文化的代言人。比如,足球教师在工作中表现出的勇敢坚毅的精神品质、持之以恒的训练习惯、机敏果断的行事风格、对足球运动发自内心的热爱、为集体和团队负责的担当,以及娴熟的运动技巧、健美的体格姿态等,都是一种无形的教育力量,潜移默化影响着学生的身心发展,而这样的影响可能比课堂上的教学具有更深远的意义。

(四)发现和培养足球人才

有很多足球运动员都是在年龄很小的时候就表现出过人的足球天赋和足球热情。就我国的情况来看,最先发现足球人才的一般都是校园里的足球教师。这是因为,我国的绝大多数青少年最早接触足球都是从学校的体育课开始的。我国社会的足球文化还不够发达,还没有形成足够成熟的社会组织或民间团体来挖掘或发现足球人才,目前主要还是通过学校系统来实现这一功能。也就是说,实际上发现足球人才的重任就落在了足球教师的肩上。足球教师的本职工作除了日常的教学工作,还有一项虽然不是日常工作但又特别重要的内容,即帮助国家发现和培养竞技足球人才。

大量的事实证明,一名优秀足球运动员的成长,大多都是经过校园足球教师的发现、培养和输送。在这个过程中,足球教师为国家的足球事业发展做出了最为突出的贡献。

二、优秀足球师资队伍的培养途径

(一)足球教师的职前教育

1. 双专业性学科设置

足球教师的职前教育是指在入职前所接受的专业训练与教育,是足球教师培养过程的第一阶段。职前教育一方面是对教师进行必要的专业培训和技能指导,另一方面是培训足球教师的学习能力,为终身学习奠定基础。目前我国所有的体育教师的职前教育基本上都是由高等师范院校、体育院校的体育教育专业来完成。现在在学校任教的足球教师都是接受过全面、严格的课程体系的训练,同时也接受了教育专业培养的专门人才。并且,作为职业教师,他们必须具备与时俱进的终身学习能力和强烈的学习意愿,必须具备独立获取所需知识的能力。足球教师具有双专业性,即学科知识和教科知识,学科知识是指足球等体育学科的专业知识,教科知识是指教育教学相关的专业知识。作为一名优秀的足球教师,并非仅仅是将这两个专业进行简单的叠加,还必须具备自身的实践知识和能力,并且能够根据实际需要将自己的知识与能力进行整合,使其内化为足球教师所需要的专业素质。因此,足球教师教育专业的课程设置中,除了保证学科性知识和教科性知识的内容之外,还要强调整体上以促进足球教师的专业发展为重点,在内容选择和结构安排上要尽量做到科学性、合理性、有效性和实用性。

2. 重视教学与实践相结合

足球教师由于其岗位的特殊性,不仅在专业设置上要科学合理,而且在职前教育中还要特别强调实习的重要性。作为一项重要的教育岗位,实践是足球教育专业的必修课程,是职前培养阶段不可或缺的重要内容。在实习过程中,实习教师需要全面接受锻炼,需要将所学理论知识、基本技能在真实的体育教学实践中进行运用。在面对真实的学生群体时,要有能力应对现场出现的突发状况。比如,要有能力应对学生在课堂上随时提出的各种问题,既要保证教学过程的自如流畅,又要同时维护好课堂秩序和课堂氛围。总之,足球教师是一项对实践能力要求极高的工作,是对教学工作能力的基本训练之一。足球教师的实习工作是职前教育非常重要的一部分。

(二)足球教师的入职教育

1. 入职教育的作用

足球教师的入职教育是指在个体获得教师资格、进入职业领域后,作为刚刚入职的足球教师必须接受一段时间的系统培训。入职教育是帮助年轻的足球教师尽快适应教学工作的必要环节。入职教育还可以帮助那些年轻的教师克服紧张和不安的情绪因素,让他们在独自进行授课之前有机会先和广大学生熟悉和接触,从而做好充足的心理准备。经过入职教育之后,新教师们能够更加从容地走上教师的岗位,并且能够自然地发挥出自己的教学水平。可以说,入职教育的成功与否将影响一

第八章 提升校园足球教学质量的建议与策略

名新教师的角色转换和从业信心。

2. 入职教育的方式

（1）集中培训

集中培训一般是在当地教育部门的统一组织下，对新近参加工作的足球教师进行为期不等的职业培训。它包括对教学常规的熟悉和掌握，对新的教育理论的统一学习，对未来可预期的一段时间内的教育发展趋势的解读等。它的目的是对新入职的足球教师进行集中培训。旨在帮助新的足球教师树立正确的职业信念、熟悉教材教法、学习体育课堂教学的基本规范、掌握基本教育教学技能，尽快适应教育教学。

（2）一带一的指导教师制

指导教师制一般是由学校安排有经验的教师以一带一的方式对新入职的足球教师进行辅导。通过示范和指导，帮助新的足球教师能够顺利过渡最初的教学工作。这是教育系统内经验传承的一种基本形式。指导教师的主要目的是帮助刚上岗的新任足球教师熟悉岗位，尽快适应真实的教学环境和工作要求。

（三）足球教师的在职教育

足球教师的在职教育是对足球教师一种继续教育与培训，目的是保证足球教师始终保持较高的整体素质、专业素质和专业热情，是保障我国校园足球教学质量的关键。

1. 学历型培训

学历型培训是足球教师职业晋升的必经途径。它是专门针对有学历层次晋级需要的教师而设置的培训内容，主要包括小学教师进修大专、本科学历，初中教师进修本科学历，骨干教师在职攻读硕士、博士等学位。

2. 提高型培训

提高型培训是指那些已经具有成熟的教学经验的足球教师，为了结合工作需要或者追求更好的个人成长而对知识和能力进行结构性更新和升级的一种培训形式。它是足球教师适应社会快速发展的必然选择，也是保障我国校园足球教学质量的关键因素，只有足球教师自身拥有学习的动力和意愿,才能够真正地不断更新与改善其知识结构,为国家的人才培养做出切实的努力和贡献。

3. 专题型培训

专题性培训一般是指短期的、有针对性的集中培训。它或者为了解决一些具体的关键问题,或者是组织足球教师集中学习最新的教学成果与教学手段。总之,专题型培训具有目标明确、时间短、收效快的特点,是在职教育中最为常见的一种培训形式。短期专题型培训可以起到以点带线的刺激作用,长期来看对督促足球教师的成长有着重要的作用。

第三节 重视校园足球教学的安全管理

一、校园足球教学安全管理的重要性

(一)保证学生的人身安全

校园足球教学活动具有运动量大、拼抢激烈、对抗性强的特点。因此,为了保证足球教学的正常进行,应全程做好安全管理工作。同时,对足球教学的安全管理是保障学生人身安全的基本前提,是促进学生充分行使足球训练权利的必要保障。

(二)提高学生的训练积极性

由于足球运动的对抗性,如果没有必要的安全管理会使学生在学习的过程中带有一些顾虑,这可能会让足球教学或者足球训练无法正常地开展。因为大多数青少年学生还没有发育完全,他们在力量、耐力等方面与成年人存在着较大的差距。这时候如果没有做好恰当的安全管理,忽视了学生的身体特性,长期开展高强度运动会导致学生身体负担过重,逐步形成疲劳、乏力等情况,严重的可能会形成运动损伤,还会对接下来的教学活动造成不利的影响。因此,要引导学生树立正确的运动意识、掌握安全的训练技巧,以便让校园足球教学活动能够安全顺利地进行下去。

第八章　提升校园足球教学质量的建议与策略

二、影响校园足球教学安全的因素

（一）影响足球教学安全的内在因素

1. 学生自身的因素

很多学生由于没有养成良好的健身习惯，平时缺乏规律的锻炼，因此一旦增加运动强度很可能会带来运动风险。另外，由于运动经验的不足，那么对于运动防护的意识也相对薄弱，在进行争抢的过程中也伴随着一定的安全风险。另外，大量的事实证明，越是缺乏运动的学生越是不重视课前准备活动，往往对热身活动敷衍了事。而当进入正式训练环节后，由于身体还没有做好充足的准备，一下子就进入高强度训练必然会增加运动损伤的风险。

2. 教学组织的因素

在校园足球的教学活动中，有些足球教师存在安全意识薄弱的情况，也会带来教学活动的安全隐患。另外，在足球教学过程中，教师未能全面、深入地对足球竞赛规则进行讲解，导致部分学生对足球运动规则的理解有偏差，甚至是在对竞赛规则一知半解的情况下就开始上场进行比赛，这时候就很容易导致无法把握技术动作的施展分寸而出现危险行为，对其他同学造成伤害。

（二）影响足球教学安全的外在因素

1. 恶劣天气的因素

大多数的足球教学都是在户外进行的，因此受到天气因素的影响比较突出。比如突然的暴风雨天气导致足球场地湿滑，或者炎炎夏季由于气温过高而导致中暑现象。因此，应该加强安全意识，在遭遇恶劣天气时应该尽量规避风险，可以采取一些室内的素质训练活动，等到天气情况允许的时候，再在户外进行常规的足球训练和活动。

2. 场地或器材的因素

足球场地和足球器材也存在着一定的安全隐患。比如，场地不平整，设施不标准,或者一些足球教学器材的质量问题也会为教学活动带来一定的风险。因此,需要学校和教师加强安全意识,尽可能地避免一切威胁到足球教学活动和学生人身安全的因素,让学生在安全无忧的环境下尽情地享受足球运动的魅力。

三、校园足球教学中的安全措施

（一）预防内在影响因素的措施

1. 加强学生的安全意识

基于足球运动的特点,应该将学生的安全意识作为足球教学的正式内容之一,强调足球运动的安全性是开展足球教学的前提条件。另外,在教学中还应该加大对学生身体素质训练的比重,即在进行足球技术和战术的学习之前,要让学生做好充分的身体准备。足球教师应带领学生们进行力量、耐力、速度等素质训练,并在每项训练之前都强调相应的热身活动的重要性。除了足球课上的训练之外,还应该鼓励学生在课余也能积极开展健身活动,使学生能够逐渐养成良好的锻炼习惯,特别是具有一定的科学锻炼的知识和意识。

另外,由于足球运动不可避免地含有大量的身体对抗内容,对于低年级的学生,足球教师应当严格维持教学秩序,一旦发生不合理的争抢要及时制止。对于部分学生出现的过度动作,应引导其以客观、理性的态度,评估现阶段运动形势。

2. 完善足球教学组织方式

足球教师在教学过程中,要善于组织,分配给学生一定的协助管理权利,这样既可以加强安全管理的力度,又可以锻炼学生的责任感。比如,在分组训练时,教师可以选择一些自制力高、责任心强的同学协助维护课堂安全,一旦发现隐患及时制止或向教师汇报。

另外,对于不同身体条件和技术水平的同学可以分组训练。教师可以按照学生运动能力水平进行分组,给每个组分配难度不同的训练内容,这样可以让学生们进行难度适宜的运动形式,避免一些不必要的安全隐患。

第八章 提升校园足球教学质量的建议与策略

3.规范足球教学体系

强调足球规则与技术教学同等重要,它是保证足球课能够有序、顺利进行的先决条件。教师要让学生了解正确技术动作和恶意动作间的差异,以及杜绝犯规行为的重要性。在必要的时候,可以采用视频和图片的直观教学方法向同学们展示犯规的危害,以避免足球课程中由于学生不明确规则而导致的犯规行为发生。

(二)预防外在影响因素的措施

1.引入室内足球活动

在天气条件较差的地区,可以对足球课程进行相应的调整,在课程设置中增加一些室内训练和活动的内容。在遇到恶劣天气时,可以有条不紊地开展室内教学活动。

2.及时更新教学设施及器材

学校应该加强对足球教学设施及器材的维护与更新工作,努力申请建设高标准的足球场地,安排专人对场地和设施进行保养、修整和清洁工作。因为场地和辅助器材直接关系到足球教学的教学质量,是最为重要的安全因素,应该得到校方的足够重视。另外,也做好相应的医疗防护药物的配置,一旦有学生在训练中意外受伤,可以进行及时恰当的治疗,避免治疗时机的延误。

总之,校园足球的教学安全管理是一个多方面的工作,既要加强对基础设施的管理,又要提高学生的安全意识;既要在课程设置方面有充分的考虑和准备,又要通过教学管理提高安全系数,要从内部和外部两方面出发,从而有效地控制足球教学中的安全影响因素。

四、校园足球教学中的风险识别

风险识别是指对可能诱发风险事件发生的因素进行判断、归类和鉴定性质的筛查过程。风险识别是校园足球教学安全管理的一部分,风险识别的成功与否直接影响着教学安全。在学校领域内,学生是运动的主体,针对校园足球风险的研究,可以有效地规避一些常见的风险,从而解除一些安全隐患。这些风险一般分为人为风险因素、环境风险因素、组织风险因素，如果能对相应的风险提前进行有效的识别，基本上可以杜绝大部分风险隐患。通过多年的实践，总结出以下几种校园足球教学中的风险防范措施。

（1）增强自我保护意识。
（2）强化安全教育推广。
（3）合理安排教学内容。
（4）注意学生动作规范。
（5）严格遵守比赛规则。
（6）提升教师专业素质。
（7）构建紧急医疗救助。
（8）加强运动场地管理。

第四节　加强校园足球校本化教学

教育部联合国家体育总局，在全国大、中、小学轰轰烈烈开展校园足球活动，其目的是为了加强学校阳光体育活动的开展，吸引更多的学生参与其中，并期望通过多样化的比赛、课程的开展、校本化课程的开发和实施等一系列有关足球的活动，达到增强学生身体素质，培养学生拼搏进取、团结协作的体育精神之目的。这项巨大的工程开展至今，我们不免要反思：校园足球开展的真正价值是否得到了实现？作为一线体育教师，我们的立足点应该是足球课堂的实效性、校本化课程的开发等问题，但因专业化水平的欠缺，关于足球课程的理念、内容的选择、组织实施的模式等方面还存在许多困惑。

一、校园足球校本化的基本原则

（一）积极落实自主性的原则

在开展校园足球活动时，首先要立足学校自身的实际情况，包括要综合考虑学校的师资力量、学生的身体素质条件、接受能力以及该地区

第八章 提升校园足球教学质量的建议与策略

足球文化的普及程度等因素,在内容和形式上要立足学校的办学理念、场地等基础设施情况。要充分依据现有的情况,不要盲目地跃进式发展。自主规划校本课程方案、自主选择校本课程内容和实施模式,自主设计课程评价标准,开发出适合学校发展的足球教学内容和教学形式,以尊重学生的个性发展需要为前提,努力建设适合学校发展理念和客观情况的足球教学内容。

(二)以促进终身运动为原则

校园足球教学的核心原则之一,就是以促进学生的终身运动为目标。因此,在课程的设置中既要兼顾到提高学生的足球运动技能,又要注意能够培养学生养成终身运动的意识、兴趣和习惯,从而让学生受益一生。但是,意识与习惯的培养并非易事,需要科学地安排教学内容和教学强度,以激发学生的主动学习意愿为主,加强运动与健康的教育理念,并使之逐步内化为学生自身的观念。校园足球的校本化教学有利于学校立足自身优势和特点,对学生进行更有针对性的教学活动,开发适合学生的课程内容,从而更大地调动起学生的学习积极性和主动性,使教学更有效率。

(三)提高教学实效性的原则

校园足球校本化要以提高教学活动的实效性为原则。校园足球课程只有通过各种实实在在的实践活动,才能体现出它的可操作性、教学效果以及相应的优势与不足,而这一切都要坚持落实实效性原则才能实现。足球课作为一门非常注重实践的体育课程,需要进行大量的训练和运动内容,在这一过程中,教师可以随时检验教学方法和教学内容是否与学生的接受能力相适宜,是否能达到教学目标和教学任务等。因此,在校本化的教学过程中可以充分发挥实效性原则,对教学内容和教学效果进行考察和验证,调整和优化,从而最大限度地提高了教学效果。

二、校园足球校本化的主要模式

(一)以教学目标为主导

以目标为主导、以目的指挥行动是校园足球校本化的主要模式之一。在校园足球的教学活动中,由于校本化的基本前提的存在,大大地提高了校园足球教学的灵活性，可以根据当前的主要主客观情况，确立教学目标、调整教学方案和内容，从而提高了教学的灵活性和时效性。例如，可以基于足球特色、学校本土办学特色，依据其个性化的办学理念和地域化的文化传统，对教学形式和教学内容做出设计与优化，为校本化的足球教学创建出更多的诉求和层次，呈现出校园足球的多样性和丰富性的特色。

（二）尊重学生个性需求

充分尊重个性化也是校园足球教学的一个特点，而在校本化教学的过程中，使这一特点得到充分的体现。因为每个学生都是独一无二的，从他们的兴趣特点到性格特征和身体条件、学习方法和成长速度都不尽相同，而在校园足球的教学活动中就可以尊重学生的个性需求，以学生的特性为重要因素进行教学，真正做到因材施教和因势利导，这是校本化足球教学的主要开展模式，对促进学生的个性化发展非常有利。基于此模式下，教师在组织足球运动时会非常关心学生"喜欢什么""希望得到什么""能得到什么"等这样的问题，极大地提高了学生的学习热情，对培养学生的足球兴趣和运动习惯创造条件。

（三）以现有条件为主导

以现有条件为主导的模式，是指优先考虑学校体育教师的师资力量和专业化水平、学校当下开展足球教学所需的场地及设施水平、学生身体素质水平以及接受足球训练的技能储备等现有条件，从现实情况出发并且能够充分利用自身优势，融合各方面的因素有针对性地开展校园足球的教学活动。这一过程的核心是以学生的终身发展为基本需要，以激发学生的足球兴趣为基本目标，以充分调动起主客观的有利条件为基本准则，以开展各种足球活动为基本手段。

三、校园足球校本化的实践路径

（一）校园足球校本化的目标设定

在开展校园足球校本化教学活动的实践时，目标设定是第一位的，一般而言主要以知识、技术、情感3个目标领域为设定方向。

第八章 提升校园足球教学质量的建议与策略

1. 知识目标

作为学校教学的重要组成部分,校园足球教学最基本的目标就是对学生进行授业解惑的工作。足球作为现代竞技运动中不可争辩的王者,已经发展出一套非常强大且丰富的价值体系。除了关于足球运动本身的历史和文化知识以外,还有相关的经济与社会方面的知识内容也需要学生掌握,这样才能够更加深刻透彻地理解足球这项体育运动,才能够加强对足球运动的热爱程度。

然而,想要全部地、详尽地传授足球知识是一项非常浩大而艰巨的任务,也是一个不太现实的目标。因此,可以充分地发挥校本化教学的特征,根据学校自身的师资能力,选择对于本校学生发展最重要、最有力的知识进行讲解,才是更为切合实际的选择。在制订足球知识的教学目标时,应该进行科学、系统的设计和编排,努力给学生提供最贴近实际需要的知识与内容,努力满足学生对于足球专业知识、足球文化、足球竞赛规则、足球精神等相关知识的探究欲望。

2. 技术目标

足球是一项具有较高技术难度的球类运动项目,在很大程度上,足球的技术也是足球的魅力之一。因此,在校园的足球教学中,对于技术的教学是重要的目标之一。随着校园足球在全国的迅速开展,它一直承担着开路先锋的角色,不断地寻求最佳的发展方式,也在为其他运动项目的校园教学活动的开展探索更多的可能性。作为体育学科的重要代表,足球教学的技术内容、训练内容都是它的核心部分。

在制定具体的目标时应依据学校自身的办学宗旨、学生的特别需要而有所侧重。对足球运动能力的提升也应该具有负荷实际的预期,不可以揠苗助长,那样只会给教学带来负面影响。在确认技术教学目标时,要充分满足学生的学习热情,也要考虑到学生的年龄特点和技能储备情况,要循序渐进地进行。

3. 情感目标

足球是一项充满激情的运动,很难想象没有激情的足球会是什么样子。对于校园足球教学而言,在教学过程中一定要充分激发同学们的运动激情,保护学生的学习热情。校园足球教学的另外一个目标,就是为国家发现和培养足球竞技人才,为我国的足球运动持续地输送新鲜血液。然而,在知识和技术教学的同时,对情感的引导也不容忽视。比如,要培养学生的顽强拼搏、勇敢坚毅、团队至上以及协作奉献的足球精神。同时还要培养学生的爱国情感,积极树立起振兴中国足球项目的远大理想,发奋为祖国的荣誉而努力。

(二)校园足球校本化的实施过程

校园足球校本化的实施过程,就是依据教学目标,严格遵守教学路径,有条不紊地进行。以目标导向内容,以内容实现为目标,对足球基础知识、足球的技战术展开教学活动。在教学实践中,坚持校园足球教学的自主化、校本化的核心思想,尊重学生的个性化发展需要,选择最适宜的教学内容和教学方法,切实提升教学效果。

在这一过程中,要注意课堂教学内容的新颖性和创新性,在兼顾普及性的同时,尽量增加个性化内容,以符合青少年学生的年龄特点,满足他们对新鲜事物的好奇心。教师应该适时地进行引导,不断地激发学生对足球的兴趣,通过设定切实可行的小目标,激励学生克服困难获得进步,从而慢慢提升学生的自我效能感,逐渐养成对足球运动强烈的兴趣和热情。

(三)校园足球校本化的教学评价

校园足球校本化的教学评价是非常重要的一个环节,是对教学设计和教学过程的回顾,是对教学效果的整体验收,是提高校园足球教学活动的重要阶段。教学评价包含对教学目标的设定、教学内容的选择、教学过程的实施以及教学效果的整体性评定,对优点及时肯定,对不足要及时指出。最终,要提出建设性的建议,为接下来的优化和提升做好准备。

目前,对校园足球教学的评价还缺少统一的、权威的标准和工具。但是,这对于校本化教学的评估却是一个很好的发展机会,各个学校可以大胆尝试建立符合自身特点的评价标准和工具。以往一些传统的评价方式其实并不适合校本化足球教学的实际情况,比如,以身体素质测试等终结性评价来评估学习成果是比较片面的,它并不能反映学生在学习推进过程中的努力程度和态度转变。而学生的学习过程和学习态度是学习活动的最重要的因素,因此应该给予重视,加强对促进学生发展的过程性评价标准和手段。

第八章　提升校园足球教学质量的建议与策略

　　在评价的方式上，还要侧重对合作意识、品质塑造、角色胜任等方面的表现性评价。在评价的主体上，实行师评、生评和互评相结合的多元评价方式。在评价过程中，教师应该充分考虑到学生的身心发展差异，把握评价弹性和评价尺度，建立起适应学生个性成长的评价标准。整体上应以给予学生积极、正向的反馈为主。要强调学生的勤奋努力、学习态度，并且要对学生努力学习后的进步空间给予直观性的对比，让学生感受到自己的行动可以带来积极的成果，从而对日后的学习更加有动力、有信心。

　　总之，由于校园足球的教学活动还处于起步不久的尝试阶段，师资力量还相对匮乏，场地器材等教学硬件设施还不够完善，对足球文化的普及和认识还不够均衡。这些主客观的因素都还制约着我国校园足球教学活动的实践。也正因为此，现阶段应该大胆鼓励校本化的校园足球教学，无论是课程的开发，还是教学方式、教学评价都处于积极尝试的阶段。各个地区的学校应根据自身的教学理念和已有的教学经验，加大对足球教学的投入力度，加快摸索的步伐，在课程开发和实施的过程中，努力对校园足球教学进行系统化、层次化的推进。对于实践过程中总结出来的宝贵经验，要及时地进行相互交流，为促进我国校园足球教学活动的健康发展、提升我国校园足球的教学质量而贡献力量。

参考文献

[1] 金钢铁.青少年校园足球发展战略研究[M].北京:北京体育大学出版社,2018.

[2] 李纪霞.全国青少年校园足球活动发展战略研究[D].上海:上海体育学院,2012.

[3] 高广宏.我国校园足球文化模式构建[J].运动精品,2019,38(8):26-27.

[4] 陈学东,陈姝姝.我国校园足球的产生背景与发展目标分析[J].山东师范大学学报(自然科学版),2017,32(2):148-151.

[5] 冯伟华.新时代小学校园足球课程校本化教学体系的构建与实践[M].广州:广东高等教育出版社,2019.

[6] 庄小凤,沈建华.校园足球[M].上海:上海教育出版社,2014.

[7] 彭志伟,李先雄.我国青少年校园足球宣传体系构建的途径研究[J].湖南工程学院学报(社会科学版),2021,31(1):114-120.

[8] 杨淑兰.观山湖区校园足球特色学校校园足球宣传的理念与路径优化研究[D].贵阳:贵州师范大学,2019.

[9] 侯学华.全国青少年校园足球活动价值定位与推广策略研究[D].北京:北京体育大学,2011.

[10] 王珂.对我国足球进校园活动的实施效果与发展潜力的研究[D].郑州:郑州大学,2014.

[11] 刘鸿滨,姜付高.校园足球课外活动的科学化组织[J].体育世界(学术版),2017(9):133-134.

[12] 周鹏,赵鑫.校园足球视角下学校足球课程教学改革的全新尝试[J].青少年体育,2021(1):47-48.

[13] 李阳,焦巍.阳光体育背景下上海市校园足球课外活动研究[J].湖北体育科技,2012,31(5):531-534.

[14] 汤信明. 足球运动教学与训练[M]. 武汉：华中科技大学出版社，2012.

[15] 刘丹，赵刚. 青少年足球训练纲要与教法指导[M]. 北京：人民体育出版社，2011.

[16] 王广. 校园足球初级教程[M]. 北京：中国发展出版社，2017.

[17] 郑芊. 校园足球背景下小学足球课程的教学内容设置研究[D]. 开封：河南大学，2016.

[18] 王贺. 体育教学方法的应用价值与选择原则[J]. 运动，2014（10）：107-108.

[19] 赵岷，朱可，李翠霞. 校园足球框架下普通高校足球"小群体式合作、竞争"教学模式构建[J]. 山西大同大学学报（自然科学版），2020，36（4）：102-106+2.

[20] 王秀荣. 高职校园足球课内外一体化教学模式构建研究——基于校园足球改革背景[J]. 阜阳职业技术学院学报，2017，28（4）：42-44+55.

[21] 田琪. 校园足球课程纲要[M]. 北京：北京邮电大学出版社，2017.

[22] 于泉海，斯力格. 青少年足球训练及教育指导[M]. 沈阳：辽宁大学出版社，2009.

[23] 王崇喜. 足球教学设计[M]. 北京：高等教育出版社，2009.

[24] 龚正伟. 体育教学新论[M]. 长沙：湖南师范大学出版社，2012.

[25] 谌睿. 广西高校校园足球的教育价值实现途径[D]. 南宁：广西民族大学，2018.

[26] 孙楚. 山西省青少年校园足球赛事的教育价值探析[D]. 太原：太原理工大学，2021.

[27] 韩婷婷，张帅. 浅谈足球教学中的德育和实践方法[J]. 成才，2020（8）：29-31.

[28] 纪旭. 吉林省高校体育院系足球项目审美教育现状及其对策研究[D]. 吉林体育学院，2015.

[29] 王鹏. 体育教学实现大学生社会化发展探析[J]. 新疆教育学院学报，2016，32（2）：72-75.

[30] 欧阳勇强. 校园足球的教育价值与体系的建构[J]. 教学与管理，2018（27）：96-98.

[31] 王红.体育运动对学生社会化的影响[J].教学与管理,2012（36）:118-119.

[32] 邹玉华,解祥梅.体育教学对学生社会化培养[J].读与写(教育教学刊),2010,7（9）:45-46.

[33] 黄磊.足球游戏在足球训练中的作用探析[J].体育风尚,2019（7）:27.

[34] 金芳.校园足球游戏的创编研究[D].成都:成都体育学院,2018.

[35] [美]勒克斯巴切尔.足球训练游戏[M].马冰等,译.北京:人民体育出版社,2001.

[36] 于振峰,赵宗跃,孟刚.体育游戏[M].3版.北京:高等教育出版社,2016.

[37] 王欣.我国青少年校园足球生态环境发展路径研究[J].盐城工学院学报(社会科学版),2021,34（2）:80-85.

[38] 唐天涯.浅谈在校园足球环境下如何构建小学足球文化[J].才智,2020（14）:194.

[39] 李裕馨.以仁立人,以智育人,以勇树人——江苏省句容市华阳实验小学"智勇足球"项目建设侧记[J].阅读,2017（ZE）:76-79.

[40] 袁翔.大学足球教学安全影响因素与应对措施分析[J].体育世界(学术版),2019（5）:94-95.

[41] 李传兵.高校体育安全保障评估体系构建研究[D].福州:福建师范大学,2016.